법 앞의 예술

예술 뒤 숨겨진 저작권 이야기

조채영 지음

예술 뒤 숨겨진 저작권 이야기

법 앞의 예술

안나푸르나

책머리에

 이 책의 기획 의도이자 목표는 처음부터 끝까지 '법서 같지 않은 법서'였다. 법을 설명하되 재밌고 쉽게 읽히도록 쓰는 것. 법학 서적은 어렵고 재미없다는 생각을 바꿔놓겠다는 도전 정신에서 시작된 호기로운 글쓰기는, 법학 서적은 어렵고 재미없을 수밖에 없다는 큰 깨달음과 함께 예정된 기간을 훌쩍 넘겨 겨우 끝이 났다.

 수년 동안 말로 설명한 내용이지만 글로 쓴다는 것은 또 다른 일이었다. '하지 않지 아니하다'를 '한다'로 바꾸는 용기는 냈지만, 법의 성질상 'O, X'를 물어도 세모로 답할 수밖에 없는 불가항력적 문제가 있다는 점 미리 양해 바란다. 꽉 막혀 나아가지 않을 때에도 내가 하고 싶은 말, 재밌는 것들을 쓰며 스스로는 충분히 즐거웠으나 심판의 날이 다가오니 걱정이 앞선다. 아직 '리걸 마인드'가 부족한 탓도 있고, 논리적 사고나 번뜩이는 기재가 뛰어난 편도 아니라 이 책을 선택한 분들에게 얼마나 도움을 줄 수 있을지 모르겠다. '실무 가이드북'의 역할을 하거나 당장 직면한 저작권 문제에 답을 주지 못할 수도 있지만, 적어도 '알아두면 쓸데 있는 신비한 저작권'으로 독자들의 마음에 남기를 바란다.

목차

책머리에 4

1. 울고 웃지 않는 저작권 9
세계 최초의 저작권법, 앤여왕법

2. 자식 같은 저작물 15
저작인격권

3. 내 이름의 가치 23
성명표시권

4. 모두의 것도, 누구의 것도 아닌 예술 27
공공예술

5. 서태지가 진압한 이재수의 난 37
패러디

6. 아나바다 저작물 46
2차적저작물작성권

7. 분쟁 없는 분쟁조정위원회 55
퍼블리시티권

8. 살리에리의 슬픔 61
창작성과 '이마의 땀'

9. 화성에서 온 법률, 금성에서 온 해석 66
매장 음악 사용료

10. 창작과 노동의 관계 75
창작자원칙과 업무상저작물

11. 그때는 틀리고 지금은 맞는 「아침이슬」 82
저작권과 국가보안법

12. 물아일체 시대의 저작권 90
인공지능의 창작물

13. 『구름빵』과 『해리포터』 96
출판 계약

14. 잘못 없는 비친고죄 102
저작권 침해의 처벌

15. 공익과 사익 사이 109
공유서삭물

16. 국경 없는 저작권 117
북한 저작물

17. 영화를 볼 수 있는 권리 122
저작재산권 제한

18. 몰래 하는 표절, 대놓고 하는 오마주 130
표절과 저작권침해

19. 저작권법의 이단아, 현대예술 144
아이디어와 표현의 이분법

1. 울고 웃지 않는 저작권

세계 최초의 저작권법, 앤여왕법

저작권에 관심이 있어 관련 콘텐츠를 찾아보거나 저작권에 대한 강의를 수강하게 된다면 가장 먼저 '앤여왕법Statute of Anne'을 만나게 된다. 세계 최초의 저작권법으로 알려진 앤여왕법은 1709년 영국의 앤 여왕이 출판물의 보호를 위해 저자에게 배타적인 권리를 부여하고 저작권의 보호 기간을 한정한 법률이다.

세계 최초의 저작권법.

300여 년 전에도 부낭한 대우를 받으며 열정 하나로 힘들게 글을 썼던 수많은 작가들에게 정의와 희망을 되찾아주고자 탄생한 공명정대한 법일 것이라고 자연스럽게 추측

되는 단어의 조합이지만, 사실 세계 최초의 저작권법은 저자가 아닌 출판사의 독점권을 보장해주기 위해 탄생했다.

15세기 들어 인쇄술이 발달하고 출판업 또한 번창해 수많은 서점과 출판업자들이 등장했다. 다양한 서적이 출판되고 대중에게 지식이 확산되자 권력층은 이를 위협적인 상황으로 받아들였다. 이들은 기득권을 유지하기 위해 인쇄술을 통제하고 책의 확산을 막으려 했다. 한편 인쇄술이 발달하면서 경쟁이 치열해지고 독점적 수익이 줄어든 대형 출판업자들은 자신들의 수익을 유지하기 위한 방법을 찾는다. 당시에는 인쇄업자들이 책을 출판하고 서점을 운영했는데, 초기 인쇄업은 시설 비용이 많이 들고 다양한 언어들로 작성된 원고의 표준화 작업 등 여러 역할을 수행했기 때문에 인쇄업에 대한 특권이 필요했다는 시각도 있다.[1] 권력층과 출판업자들의 이해관계에 의해 인쇄에 관한 법률이 제정되고 인쇄업의 독점화, 출판 통제가 이루어졌다. 런던을 중심으로 활동하던 대형 출판업자들은 조합을 만들고 조합원이 아닌 출판업자가 출판한 책을 '해적판'으로 간주했다. 이후 조합의 독점에 대한 비판의 소리가 높아지자 이들은 독점을 정당화하기 위한 명분을 만들었는데 그것이 바로 '학문

---

1 『유럽에서 저작권과 구글의 투쟁』, 한수경 저, 커뮤니케이션북스, 2016.

의 진흥을 위한 저자의 재산권 보장'이며, 이런 사회적 배경 속에서 앤여왕법이 탄생했다.

여기까지 살펴보면 어쨌든 앤여왕법이 저자의 재산권 보장을 위해 기능한 것으로 보이지만 앤여왕법 제1조는 "책의 저작자 및 저작자로부터 판을 양도받은 자는 인쇄의 독점권이 있으며"로 시작한다. 인쇄의 독점권에 방점이 찍혀 있다. 출판업자가 저자의 책을 독점적으로 인쇄하기 위해 저자로부터 인쇄에 대한 독점권을 양도받아야 했기 때문에, 먼저 저자에게 독점적 권리를 인정하고 이를 자신들이 양도받았다는 논리를 전개한 것이다. 책을 출판하려면 저자는 계약을 통해 출판업자에게 권리를 양도하지만, 인세 제도가 없었으므로 이후 출판업자가 책을 판매해 얻은 이익과는 무관했다. 때문에 이 조항으로 저자의 재산적 이익이 정당하게 보장된다고 장담할 수 없었다. 이처럼 저작권은 인쇄를 독점하는 권리, Copy Right로 탄생했다.

앤여왕법에 따르면 법률 제정 당시 이미 출판된 책은 다음 해부터 21년간, 향후 출판될 책은 공표된 때부터 14년간 보호된다. 보호 기간 14년이 끝난 후에도 저자가 살아 있다면 다시 14년간 보호된다. 이후 법이 보장하는 21년간의 보호 기간이 끝난 작품이 나타나면서 해적판 문제가 발생한다. 런던 출판업자조합의 조합원이 아닌 스코틀랜드의 출판업자 존 도널드슨John Donaldson이 당대 최고의 시인이었던 제임스 톰슨James Thomson의 시집에 대한 보호 기간이 종료되자 이를 인쇄해 런던보다 싸게 판매한 일이 있었다. 이 시집의 저작권을 보유하던 토마스 베케트Thomas Beckett가 권리 침해를 주장하며 소송을 시작한다. 베케트는 "저작권은 영구적인 권리이므로 보호 기간이 종료하지 않았다"고 주장했고, 도널드슨은 "지식에 대한 영구적인 소유권은 있을 수 없다"고 맞섰다. 치열한 법정 공방을 벌인 세기의 재판으로 기록된 이 소송에서 법원은 "저작물이 출판되지 않은 경우에는 저작자 및 그 권리 승계인이 보통법상 영구적 권리를 가지지만, 출판된 후에는 앤 여왕법이 규정한 보호기간 동안만 보호를 받는다"며 저작물의 보호 기간을 한정했다.

이처럼 최초로 저자의 권리를 주장하고 강력한 법적 보호를 주장한 측은 저자가 아니라 출판업자다. 저작권법이 창설되고 발전되어온 과정을 살펴보면 저작권법이 정치적인 성격을 가진다는 점을 부인할 수 없다. 출판업자들은 노동자의 권리를 위해 분신한 전태일 열사도 아니며 여성의 참정권을 위해 경마장에 뛰어든 에밀리 와일딩 데이비슨Emily Wilding Davison도 아니다. 물론 저작권을 기득권층의 정치적 이익을 위해 만들어진 불필요하고 부당한 권리로 깎아 내리는 것은 아니다. 저자가 자신이 창작한 저작물에 대한 완전한 권리를 가지는 것은 당연하며, 저작물은 물건과는 다른 의미를 가지는 특수한 소유물이다. 다만 지식과 문화예술이 인류의 발전에 공적 기능을 한다는 점을 고려하지 않을 수 없기에 권리자와 이용자 어느 한쪽이 우위에 있다고 쉽게 결정할 수 없다.

저작권은 사회가 발전하면서 논의를 통해 다듬고 발전시켜온 치열한 합의의 결과물이다. 저작권을 주장하는 권리자도, 침해를 부정하는 이용자도 합리적인 이성을 통해 저작권을 바라볼 필요가 있다. 밥과 김치를 빌리며 쓸쓸히 죽어간 어느 젊은 작가의 사연 끝에 저작권을 강화해야 한다는 결론을 끌어다 붙인다거나, '저작권료 탓에 크리스마스 즈음 거리에서 캐럴이 사라졌다'는 식의 제목을 단 기사들이 주목받았던 적이 있다. 그 기사들에 오랫동안 제기됐던 예술계의 불공정 계약과 불합리한 관행에 대한 비판이 함께 논의됐는지, 경제 불황과 우중충한 사회 분위기, 유독 추워진 날씨 탓에 가게 문을 꼭 닫아두어 전보다 캐럴이 잘 안 들리는 것 같다는 상인들의 인터뷰가 빠진 건 아닌지 한 번 더 생각해보자.

저작권법에 당연한 권리는 없다. 허용할 때도 금지할 때도 이유가 있다. 그 이유가 합리적인 것인지에 집중해야 한다. 2017년 많은 인기를 끌었던 tvN 드라마「비밀의 숲」에서 주인공 황시목 검사는 감정을 느끼는 뇌의 일부를 절제해 웃음도 눈물도 없는 상태에서 정의를 구현한다. 어떤 사람들은 냉정한 이타주의자가 세상을 바꾼다고 한다. 법은 누군가의 권리를 보장하는 것뿐만 아니라 모두를 위한 합리적인 결과를 위해 존재한다. 법이 부여하는 권리와 의무는 대부분 거의 동시에 발생한다. 창작물에 대한 권리 또한 법적 제한을 받는다. 누군가에게 완벽하게 만족스러운 결과가 상대방에게는 너무나 불합리할 수 있다. 모두가 조금은 불만족스러운 상태가 가장 최상의 결과는 아닐까.

2. 자식 같은 저작물

저작인격권

Copyright라는 단어는 영미권 국가를 중심으로 발전된 용어다. 일반적으로 전 세계의 법제도는 '영미법계'와 '대륙법계'로 나누어진다. 영국과 미국을 중심으로 발전된 영미법계 제도를 따르는 국가들은 재판에서 확립된 판결 내용을 법률과 같이 후속 사건 판단에 적용하는 방식을 채택하고, 프랑스와 독일을 중심으로 발전된 대륙법계 국가들은 상세한 내용의 법을 제정해 사건에 적용하는 방식을 따른다. 우리나라는 대륙법계인 일본의 영향을 받아 대륙법계 체제를 따르지만, 발전 과정에서 미국의 영향도 있어서 영미법계의 특성도 일부 찾아볼 수 있다. 미국에서 저작권은 저자에게 일정 기간 경제적 이익을 보장함으로써 창작의 동기를 부여하고 문화예술의 발전을 추구하는 데 목적을 둔다. 저작권을 창작에 대한 인센티브의 개념으로 다루기 때문이다. 같은 맥락에서 저작인격권은 명시적으로 인정하지 않고 특정한 시각예술에 대해서만 일부 인정한다.

유럽에서 저작권은 '저자의 권리Author's Right'로 탄생했다. 개인의 자유와 인권 개념이 정립된 프랑스혁명을 계기로 개인의 재산권 보장을 위한 제도가 마련됐는데, 그 과정에서 저자의 지적 노동의 결과물인 저작물이 자연적으로 저자에게 귀속돼야 한다는 의미로서 저자의 권리라는 개념이 발전됐다. 이런 배경을 바탕으로 저작권을 재산권과 인격권으로 분리해 저자의 재산적 권리뿐만 아니라 저작물과 저자 사이에 발생하는 특수한 관계까지 인정하고 보호한다. 저자와 저작물은 마치 부모와 자식처럼 분리될 수 없는 관계고, 따라서 저작물은 저자의 인격이 발현된 표현물로 여겨진다. 그 누구도 저자의 허락 없이 저작물을 공표하거나 변경할 수 없으며, 저자는 자신의 이름을 저작자로서 저작물에 표시하거나 표시하지 않을 권리가 있다. 이것이 저작인격권Moral Right of the Author이며 저작인격권 침해는 저작물을 불법으로 복제하거나 공연하는 것과는 다른 차원의 문제다.

지하철역에 벽화를 시공할 때 작품의 위아래를 거꾸로 설치했다고 가정해보자. 이 사례는 온라인에서의 불법 음원파일 다운로드 때문에 정당한 저작권 사용료가 지급되지 않아 결과적으로 작사, 작곡가 등의 권리자들에게 금전적 손해가 발생한 경우와 다르다. 시공사가 작품을 잘못 설치한 행위는 부당한 '이익'으로 연결되지 않고 원작자 또한 아무런 '손해'를 입지 않은 것처럼 보인다. 그러나 이 상황을 상상하면 마음속 어딘가에 무엇인지 모를 꺼림칙함이 느껴질 수 있다. 그 꺼림칙함이 바로 저작인격권 침해의 특징이다. 손해가 발생했다고 설명하기 애매하고 금전적으로 환산하기 어렵지만, 그러면 안 될 것 같은 행위로 인해 발생하는 정신적 손해. 원작 작가는 자신의 그림이 위아래가 거꾸로 바뀐 채 전시됨으로써 작품으로 구현하고자 한 의도가 훼손되는 손해를 입었다. 작가의 의도를 나타내지 못하는 작품은 존재 의미를 잃는다.

저작인격권은 저자의 인격이라는 추상적인 가치를 보호하기 때문에 태생적으로 모호성을 띤다. 이런 모호성이 때로는 저자에게 강력한 힘을 주기도 하고, 때로는 이용자에게 장애물이 되기도 한다. 이용자 입장에서는 저자의 인격을 도대체 어디까지 보호해야 하는지, 어떤 행위가 저자의 인격을 침해하는 행위인지 불분명하다고 느낄 수 있기에 저작인격권에 대한 주장을 결국 '아무것도 하지 말라'는 저자의 심술로 받아들이는 경우가 많다.

한 사진작가가 원숭이를 촬영하던 중 원숭이가 카메라를 훔쳐가 직접 찍었다는 '원숭이 셀카 사진'을 블로그에 공개했다. 작가는 이 사진을 허락 없이 게재한 신문사와 잡지사를 상대로 저작권 침해를 주장했다. 이 사건의 결말은 어떻게 됐을까. 정답은 원숭이 셀카 사진의 저작자는 원숭이. 난센스 퀴즈 같지만 저작물은 인간의 사상과 감정을 표현한 표현물이므로 원숭이가 촬영한 사진은 저작물로 인정될 수 없다는 것이 보편적 판단이다. 이 사건처럼 저작권 분쟁은 의외로 근본적인 문제에서 단순하게 해결될 때가 많다. 따라서 저작인격권의 침해 여부를 미리 판단하고 싶다면 먼저 저작물의 예술적 특성부터 파악해야 한다.

서울 대치동 포스코Posco 본사 앞에는 가로 9미터, 세로 9미터, 높이 9미터, 무게 30톤의 거대한 철제 조형물 「아마벨Amabel」이 서 있다. 현대예술의 거장 프랭크 스텔라Frank Stella가 만든 이 조형물의 작품명은 본래 「꽃이 피는 구조물 Flowering Structure」이었는데 프랭크 스텔라가 비행기 사고로 목숨을 잃은 친구 딸 아마벨을 추모하며 작품명을 「꽃이 피는 구조물−아마벨Flowering Structure-Amabel」로 변경했다. 비행기 잔해와 스테인레스스틸을 이용해 만들어진 「아마벨」은 폐기된 문명의 이기로부터 피어난 꽃이 문명과 자연의 관계에 던지는 질문을 형상화했다고 한다. 설치 이후 작품이 난해하고 흉물스럽다는 비난이 일어나자 포스코는 「아마벨」을 과천 국립현대미술관으로 이전할 계획을 세웠지만, 이전 계획이 알려지자 '예술성에 대한 몰이해'라는 비난 또한 거세져 「아마벨」의 우수성을 알리는 설명회까지 열렸다. 결국 포스코가 주변에 나무를 심어 「아마벨」을 가리는 방법을 택하긴 했지만 어쨌든 「아마벨」은 작가의 반대와 철거를 반대하는 여론에 힘입어 현재까지 무사히 자리를 지키고 있다. 심지어 「아마벨」은 2016년 『메트로신문』이 주최한 '2016 공공미술대상'에서 기업 가치를 작품성으로 승화시킨 작품으로 선정되는 대반전을 맞았다.[2]

이전 문제가 대두되던 당시 작가가 주장한 권리가 바로 저작인격권, 그중에서도 동일성유지권이다. 동일성유지권이란 저작자가 저작물의 내용, 형식, 제호의 동일성을 유지할 권리다. 저작자가 아닌 자는 허락 없이 저작물을 변형할 수 없다. 작품을 다른 곳으로 옮기는 것이 왜 동일성유지권 침해에 해당하는지 의문을 품을 수 있다. 일반적으로 작

---

[2] 한편 「아마벨」은 2017년 해외 미술 분야 인터넷 매체인 아트넷Artnet.com이 발표한 '가장 미움받는 조형물 10선The 10 Most Hated Public Sculptures'에 선정되는 등 논란이 여전히 계속되고 있다.

품의 위치를 옮긴다고 해서 작품이 변형된다고 보기는 어렵기 때문이다. 그러나 「아마벨」은 실외에 설치된 조형물로 장소 특정적 예술Site-Specific Art의 성격을 가진다. 장소 특정적 예술은 미술관, 갤러리 등에 옮겨져 전시되는 작품이 아니라 특정 장소의 주변 환경과 어우러져 그 일부가 되는 작품을 말한다. 작가는 수백 개의 철제 조각들을 현장에서 조합하는 방식으로 「아마벨」을 제작했다. 제작 도중 어느 새벽에 지나가던 고철업자가 길에 버려진 고철인 줄 알고 몇몇 철제 조각을 가져가 경찰의 도움으로 팔려나가기 직전에 되찾아왔다는 일화도 있다. 「아마벨」은 그 장소에 있지 않으면 존재 의미가 사라진다. 작가는 그곳에 설치할 것을 전제로 작품을 구상하고 제작했기에 「아마벨」을 다른 곳으로 이전할 경우 작품의 동일성이 훼손된 것으로 볼 여지가 있다.

저작권법 제13조 제2항은 동일성유지권 침해로 보지 않는 불가피한 변경에 해당하는 경우를 열거하며 "불가피한 변경에 해당하더라도 저작물의 '본질적인 내용의 변경'은 어떠한 경우라도 불가하다"고 명시했다. 특정 장소에 설치될 것을 전제로 하는 미술품의 설치 장소를 변경하는 것은 곧 작품의 본질적인 내용의 변경이 될 수 있으므로 작가의 허락 없이 이를 결정할 수 없다.

2006년 서울시립미술관에 설치된 고故 백남준의 비디오아트 「서울랩소디」에서 청계천의 홍보 영상이 상영되어 논란을 일으킨 사건이 있었다. 백남준의 비디오아트 작품이 끊임없이 반복되던 화면 대신 당시 서울시장이었던 이명박의 청계천 완공 기념 연설 장면을 보게 된 관람객들과 작품을 설치한 관련자가 미술관에 항의했고, 이후 해당 영상은 다시 백남준의 작품 영상으로 교체됐다. 이 사건은 비디오아트의 본질에 대한 심도 있는 이해가 먼저 이루어졌다면 일어나지 않았을 것이라는 아쉬움이 남는다. 미술관에서조차 비디오아트 작품이 수십 대의 텔레비전 자체만이 아니라 화면 속 영상을 포함한다는 사실을 몰랐다면, 비디오아트가 얼마나 어려운 장르인지 알 수 있을 것 같다.

이 사건과 관련해 서울시립미술관은 원래 작품 매뉴얼에 일부 채널에서 서울시 자료를 틀 수 있도록 되어 있다고 해명했다. 그렇다 하더라도 변경이 가능한 것은 좌우 화면으로, 작품의 주요 부분으로 고정된 중앙 화면의 영상을 바꾼 것은 잘못이라고 할 수 있다. 뿐만 아니라 미술관 측에서 원본 영상을 분실해 부득이하게 영상을 교체했다고 설명했으나, 분실한 사실을 작가 측에 알리지 않은 점에서도 미술관이 작가와 작품을 대하는 인식에 문제가 있음이 드러난다. 이는 "작품을 소장한 미술관이 작품을 어떻게 전시하든 문제가 없다"고 한 관계자의 발언에서 더욱 명확해졌다. 시민을 위해 존재하는 시립미술관이 내부의 판단에 의해 예술품을 훼손하거나 변경할 수 있다고 인식하는 것은 시립미술관을 사유화함으로써 공공성을 부정하고 예술품의 가치를 스스로 저하시키는 것이 아닌지 의문스럽다. 서울시립미술관은 같은 해 이루어진 '위대한 의자' 사진전에서도 당시 서울시장 이명박이 의자에 앉아 있는 사진을 전시해 또다시 논란을 불러일으켰다.

우리는 휴대전화의 유려한 디자인과 성능에 감탄하지만, 감동받지 않는다. 물론 이 작고 반짝이는 얇은 기계에서 감동을 느낀다고 주장하는 사람들도 있을 수 있지만, 보편적인 관점에서 볼 때 휴대전화를 제작한 사람의 세계관을 이해하고 제작 의도를 파악하며 눈물을 흘리지는 않는다. 그러나 캔버스에 빨간색만 칠해진 한 장의 그림을 바라보며 작품이 완성된 지 한 달 뒤에 손목을 그어 자살한 화가의 내면을 이해하고 눈물을 흘리기도 한다.[3] 저작인격권을 이해하기 위해 예술에 대한 이해가 선행돼야 하는 이유다.

저작물을 이용하기 전 어쩐지 마음에 걸린다면, 먼저 작품의 본질적인 의미를 생각해보길 바란다.

---

[3] 추상표현주의의 선구자로 꼽혔던 러시아 출신 미국 화가, 마크 로스코Mark Rothko(1903~1970)는 1970년 빨간색으로만 칠한 작품 「무제Untitled」를 완성하고 한 달 뒤 면도날로 손목을 그어 자살했다.

3. 내 이름의 가치

성명표시권

가치를 오로지 가격으로 판단하는 태도는 피해야 하지만, 유명세를 판단하는 가장 간편한 방법은 아무래도 시장에서 책정된 가격을 살펴보는 것이다. 영국의 유명인 수집품 사이트인 폴 프레이저 컬렉티블스Paul Fraser Collectibles가 공개한 가장 고가의 서명Autograph은 배우 제임스 딘James Dean의 서명이다. 2017년을 기준으로 무려 1만 4500파운드(약 2100만 원)에 달한다. 제임스 딘이 워낙 유명하기도 하고, 24세라는 젊은 나이에 불의의 교통사고로 사망했기 때문에 남아 있는 사인이 별로 없어서 그렇다고 한다.

우리나라에서 제임스 딘이라는 이름은 속옷을 함께 연상

시킨다. 1991년 개그맨 주병진이 속옷 브랜드 '제임스딘'을 만들어 큰 성공을 거두었으며 이를 모태로 1993년 '좋은사람들'이라는 회사가 설립되어 현재까지 제임스딘 속옷을 판매하고 있다. 속옷 브랜드 제임스딘은 한때 사라질 위기에 처했다가 수년간의 법정 공방 끝에 승소해 현재까지 브랜드명을 유지하고 있다. 아직까지 많은 사람들이 제임스딘을 저작권 침해 브랜드로 기억하고 있다. 결과와 상관없이 소송은 당사자의 이미지를 크게 실추시키는 타격을 주기 마련이다.

한때 가수 김광석을 살해했다는 의혹을 받았던 그의 부인이 김광석의 이름에 대한 권리를 가지고 있다는 기사가 쏟아지며 화제가 됐다. 유명인의 이름에 관한 권리를 이야기하면 일반적으로 저작권을 떠올린다. 저작권법은 제12조에서 "저작자는 저작물의 원본이나 그 복제물 또는 저작물의 공표 매체에 그의 실명 또는 이명을 표시할 성명표시권을 가진다"고 규정한다. 저작물을 이용하는 자는 그 저작자의 특별한 의사 표시가 없는 때에는 저작자가 그의 실명 또는 이명을 표시한 바에 따라 이를 표시해야 하며, 저작물의 성질이나 이용목적 및 형태 등에 비추어 부득이하다고 인정되는 경우에는 성명 표시를 생략할 수 있다.

배우 제임스 딘은 저작권법상 속옷 브랜드 제임스딘에

자신의 이름을 표시하거나 표시하지 않을 권리가 없다. 제임스딘 속옷은 제임스 딘이 창작한 저작물이 아니기 때문이다. 저작권법상 성명표시권은 저작자와 저작물 사이의 관계를 바탕으로 저작자의 인격적 권리를 보호하는 규정이다. 저작자는 자신이 창작한 저작물에 자신의 이름을 표시함으로써 창작한 사실을 인정받고 저작자의 지위를 보호받을 수 있다. 이 사건에서 제임스 딘의 유족 측은 제임스딘의 성명표시권이 아닌 퍼블리시티권과 상표권을 주장했다.[4] 제임스 딘의 이름이 가지는 경제적 가치에 대한 퍼블리시티권과 제임스 딘의 이름을 상표로 사용할 수 있는 권리에 대한 침해를 주장한 것이다. 이에 법원은 상표권에 관해, 좋은사람들 측이 제임스 딘과의 관계를 허위로 표시하지 않았고 소비자의 혼동도 없었으며 상표 자체가 선량한 도덕관념이나 국제 신의에 반하지 않는다고 판단했다. 퍼블리시티권에 대해서는 우리나라 민법이 재산과 관련된 권리는 법률에 의해서만 인정하며 새로운 종류의 물권을 창설할 수 없다는 물권법정주의를 따르는 점을 근거로 "법률상 근거 없는 퍼블리시티권은 인정될 수 없다"고 판시했다.

호랑이는 죽어서 가죽을 남기고 사람은 죽어서 이름을

---

4 퍼블리시티권에 대한 상세한 설명은 7장 '분쟁없는 분장모정위원회'에서 이어진다.

남긴다고 하지만, 꼭 그렇지만은 않을지도 모른다. 대부분의 사람들은 세상에 이름을 알리고 후세에도 나의 이름이 기억되어주기를 바라는 것이 보통이겠지만, 어떤 이름으로 세상에 남겨지고 싶은지에 대한 생각은 각자 다를 수 있다. 아시아태평양경제협력체APEC 정상 회의를 기념하여 부산 해운대에 세워진 등대의 설계자는 완공된 등대가 자신의 도안과 차이가 있다는 이유로, "향후 등대와 관련해 자신의 이름을 언급하거나 기재하지 말아달라"는 요청을 했다고 한다. 천경자 화백은 「미인도」에 자신의 이름을 남기지 않기 위해, 엄청난 비난과 고통에도 세상을 떠나는 순간까지 「미인도」를 자신의 작품으로 인정하지 않았다. 이우환 화백은 위작 논란이 있는 작품들이 모두 자신의 작품이라고 주장하며 자신의 서명의 가치를 지키기 위해 애썼다.[5] 진실은 당사자가 아닌 한 누구도 알 수 없겠지만, 자신의 작품에 자신의 이름을 남길 수 있는 권리가 작가에게 얼마나 중요한 권리인지는 분명해 보인다.

---

5 '천경자 「미인도」 사건', '이우환 위작 사건' 모두 성명표시권과 무관하다. 천경자 화백 측은 「미인도」가 자신의 작품이 아니라고 주장하고 있기 때문에 타인의 작품에 천경자라는 이름을 도용당한 것이므로, 자신의 작품에 자신의 성명을 표시하거나 표시하지 않을 권리인 성명표시권을 주장할 수 없다. 다만 저작권법이 아닌 민법에 의한 성명권 침해 주장은 가능하다. 이우환 화백은 논란이 된 작품들이 위작이 아니며 자신의 작품에 자신의 이름이 표시된 것이므로 문제가 없다고 하기 때문에 더더욱 성명표시권 위반을 주장할 여지가 없다.

4. 모두의 것도, 누구의 것도 아닌 예술

공공예술

주말 데이트 코스로 미술관에 가는 것은 영화관에 가는 것만큼 흔한 풍경이 됐다. 최근에는 미술관에서 요가를 한 뒤 전시를 둘러보는 이벤트, 재즈 공연, 심지어 클럽 파티도 열린다. '예술의 대중화'를 위한 미술관들의 노력과, 더 이상 예술을 비싸고 지루한 특정 계층의 사치품으로만 여기지 않는 사회 분위기가 만나면서 예술이 일상으로 스며들고 있다. 인공지능이 현존하는 직업의 90퍼센트를 대체할 것이라는 우려 속에서 대체될 수 없거나 적어도 가장 늦게 대체되리라 예상되는 직업의 다수가 문화예술 관련 직종이다. 생산 활동의 대부분이 기계로 대체될 미래에 인간은 인간만이 할 수 있는 행위로서, 또는 줄어든 노동 시간을 이용해 예술 활동에 전념할 것이라는 예측 또한 일리가 있다.

인간의 삶을 풍요롭게 하고 사회 발전을 이끌어낼 수 있다는 점에서 예술은 공공성Public Interest이 있다. 한 곡의 음악으로 법과 제도가 바뀌거나 한 편의 영화로 묻혀 있던 역사적 사실이 재평가되기도 한다. 1995년 가수 신해철은 「힘겨워하는 연인들을 위해」라는 곡을 작사, 작곡해 발표하고 동성동본 금혼 제도의 부당함에 대해 적극적으로 발언했다. 이후 사회적으로 동성동본 금혼제도 폐지에 관한 논의가 본격화되어 1997년 헌법재판소가 이에 대해 헌법불합치 결정을 내렸다. 2017년 개봉한 장훈 감독의 영화 「택시운전사」는 1천만 명이 넘는 관객을 동원하며 실제 인물들에 대한 관심뿐만 아니라 역사적 진실 규명에 대한 사회적 요구를 증폭시켰다. 최근에는 공공예술이 지역 활성화뿐만 아니라 범죄 예방에도 효과가 있는 것으로 알려졌다. 화사한 그림과 조각, 아름다운 간판 등을 설치함으로써 지역을 찾는 사람들이 많아지고 공동체에 긍정적인 영향을 미쳐 자연스럽게 범죄 발생률이 줄어든다는 것이다. 예술은 창작자의 창작의 기쁨을 위해 존재하는 한편, 사회에 의해 향유되고 소비되는 운명을 가진다. 예술을 통해 나의 삶 또는 사회적 이슈에 대해 고민하고 소통함으로써 인류는 한 걸음 더 발전할 수 있다. 저작권법도 "저작물의 공정한 이용을 도모함으로써 문화 및 관련 산업의 향상발전에 이바지한다"는 존재의 이유를 제1조에서 천명한다.

예술의 공공성이 명확히 나타나는 분야로 공공예술Public Art을 들 수 있다. 과거에는 천재적 재능의 예술가만이 창작 활동을 하고 이를 알아볼 수 있는 수준의 상류층만이 예술을 즐길 수 있다고 여겼다. 이에 비해 현대 사회에서는 예술의 여가 활동적 성격이 부각되면서 대중성이 강조되고 공동체가 함께 즐기는 공공예술에 대한 관심도 높아졌다. 공공예술은 예술을 더 많은 대중이 즐기도록 하기 위해 갤러리가 아닌 접근성이 좋은 장소에 작품을 설치한다. 일반적으로 갤러리라는 특수하고 한정된 공간은 누구나 쉽게 접근할 수 없기에, 대중과의 소통을 목적으로 하는 공공예술은 광장이나 공공기관과 같은 곳에 설치되어 시민들의 생활 속에 자리 잡는다. 그런데 하나의 작품은 예술가의 개인적 감정과 생각의 표현물이므로 누군가에게는 감동을 주지만 누군가는 받아들이기 어려울 수 있다. '공공'이라는 단어와 '예술'이라는 단어의 조합은 '공중이 인식할 수 있는 예술'이라는 의미일 뿐, '공중이 좋아하는 예술'이라는 뜻은 아닐 수 있다. 어쩌면 공중의 복지를 위한 '공공예술'이라는 단어 자체가 이미 모순일지도 모른다.

실패한 공공예술의 대표적 사례로 리처드 세라Richard Serra의「기울어진 호Tilted Arc」를 꼽는다. 미국의 미니멀리즘 조각가 리처드 세라는 주로 주변 환경을 고려해 강철판을 이용한 거대하고 육중한 작품을 제작한다.「기울어진 호」는 높이 3.7미터, 길이 36.6미터, 무게 73톤의 휘어진 강판으로 제작된 조형물인데, 미국 정부의 공공미술 프로젝트의 일환으로 1981년 뉴욕의 연방정부청사 광장을 가로지르며 설치됐다. 작가는 "관객이 이동할 때마다 조각의 인식뿐만 아니라 전체 환경에 대한 인식도 변화한다"며 거대한 물체가 공간을 분리함으로써 생겨난 새로운 환경과 경험, 느낌을 전달하고자 한 제작 의도를 설명했다. 하지만 이곳을 지나다니는 사람들은 설치된 작품 탓에 보행에 방해를 받을 뿐더러 작품의 불안정한 형태에서 불안감을 느낀다며 철거를 요청해 논란이 일어났다. 1983년 열린 공청회에서 뉴욕연방정부 공무원들은「기울어진 호」가 마약상들에게 거래처가 될 수 있다거나 폭탄 테러에 취약할 수 있다는 주장까지 펼쳤다고 한다. 클래스 올덴버그Claes Thure Oldenburg, 키스 해링Keith Haring 등 유명 예술가들의 조력도 받았으나 결국「기울어진 호」의 철거가 결정됐고, 리처드 세라는 소송까지 불사했지만 1989년 작품은 철거됐다. 작품은 세 조각으로 절단되어 창고로 옮겨졌다.

2017년 5월 29일 서울시는 '서울로7017'에 설치됐던 「슈즈트리Shoes Tree」라는 대형 설치 작품을 철거했다. 설치된 지 9일 만에 서울시 예산 1억 원 이상을 들여 제작한 작품이 사라졌다. 「슈즈트리」는 실제 폐기된 신발 3만 켤레를 이용해 서울로와 서울역 광장을 잇는 높이 17미터, 길이 100미터, 무게 3톤의 '신발 폭포' 형상으로 제작됐다. 작가는 "서울에 도착해 첫발을 내딛는 서울역에서 오고 가는 발걸음들이 보일 뿐인 막막한 혼돈의 시작에 대한 방향성을 신발로 이야기했다"고 한다. 그러나 언론에서는 「슈즈트리」가 흉물스럽고 냄새가 난다는 시민들의 제보가 빗발쳤다고 했고, 누군가는 서울의 관문이자 서민들의 희로애락이 담긴 역사적 공간에서 '낡은 신발 더미'를 보는 것은 미래지향적이지 못하며 과거의 아프고 불쾌한 기억이 상기된다고 했다.

  공공예술물은 일단 설치되면 거의 영구적으로 그곳에 있으면서 수많은 사람들의 삶과 함께한다. 오로지 작가의 선택과 조합으로 완성되지만 완성된 이후에는 대중과 함께 살아가야 한다. 대중은 그 작품을 좋아할 수도, 싫어할 수도 있다. 공공예술은 세금으로 제작된다는 특성으로 인해 더욱 민감한 평가의 대상이 된다. 국민의 세금으로 영원히 남을 공익적 예술 작품을 제작하는 것이므로 최대한 많은 사람들이 좋아하는 작품이 선택되는 것은 자연스러운 현상이고, 대다수가 원하지 않는다면 이미 설치된 작품이라 해도 철거되는 것이 당연하다 여겨질 수 있다.

저작물을 작가의 자식같이 여기는 저작권법의 특성에 따르면 저작물을 폐기하는 것은 작가의 인격권 침해라고 볼 여지가 있다. 그러나 한편으로는 작품이 더 이상 존재하지 않는다면 작가와 작품 사이에서 발생하는 인격적 권리에 대한 침해는 성립되지 않는다고 볼 수도 있다. 우리나라 저작권법에는 저작물의 파괴 또는 폐기와 관련된 규정이 없어서, 저작물의 동일성을 변경하는 행위를 넘어 파괴하거나 폐기하는 행위가 저작인격권 침해에 해당하는지 판례를 검토할 필요가 있다.

2010년 경의선 도라산역 통일문화광장에 그려져 있던 벽화가 철거된 사건이 있었다. 정부의 의뢰를 받아 벽화를 그린 작가는 이 사실을 알고 벽화 복원과 책임자 처벌을 요구했으나 받아들여지지 않자 소송을 제기했다. 정부는 "벽화가 난해하고 어두워 '무당집' 분위기를 조성하고 공공기관에 어울리지 않는다는 등의 부정적 여론이 많아 철거했으며, 철거 전 3개월간 설문조사 및 전문가 간담회를 거쳤다"고 설명했으나 이런 절차에 대해 작가에게 알리지 않았다. 이 사안에서 주목할 점은 정부가 벽화를 소유한 소유권자고 작가는 벽화를 창작한 저작권자라는 사실이다. 벽화의 소유자인 정부가 소유권에 기해 소유물을 자유롭게 처분하는 것은 정당한 권리 행사지만, 그 소유물이 저작물일 경우 저작자의 인격권 침해 문제가 발생한다. 도라산역 벽화 사건에서 법원은 담당 공무원의 폐기 절차가 적법하지 않았다는 이유로 작가의 손을 들어주었다. 적법한 절차를 지켜 폐기한다면, 그리고 작품의 소유자가 국가가 아닌 개인이라면 어떤 결과가 나올지 여전히 예측하기 어렵다.

누군가의 권리를 제한하기 위해서는 사안별로 특수성을 감안해 신중하게 결정해야 하므로 쉽게 원칙을 마련하기 어렵다. 그러나 무엇을 세상에 남길지에 대한 답이 특정인, 특정 단체, 특히 국가에 의해 결정되어서는 안 된다.[6] 「슈즈트리」는 철거됐지만 흉물스럽다는 평가가 만만치 않은 서울 코엑스 광장의 「말춤」 조형물은 여전히 남아 있다. 강남구는 2016년 4월 4억 원을 들여 가수 싸이가 「강남스타일」을 부르며 선보였던 손동작을 본떠 높이 5미터, 폭 8미터의 조형물을 코엑스 광장에 설치했다. 이 조형물은 단순히 손목 형상만으로 제작되어 작품 의도를 알 수 없고 흉물스럽다는 논란이 계속되고 있다. 가수 싸이마저 나라를 위해 한 일도 아닌데 세금으로 조형물을 세우는 것이 부담스럽다고 밝힌 바

---

[6] '도라산역 벽화 사건'에서 고등법원은 "예술성에 대해 국가가 판단해서는 안 된다"고 명시했다.

있고, 강남구의회 의원이 조형물 제작 당시 강남구의회와 주민이 모두 반대했으나 구청장이 제작을 밀어붙였다고 폭로하기도 했다. 누군가는 「슈즈트리」를 흉물스럽게 여기지만 누군가는 「말춤」 조형물에 더 경악할 수 있다.

예술을 아름다움에 의해서만 평가해서는 안 된다. 파리의 상징인 에펠탑도 오랫동안 흉물 논란을 일으켰다. "철사 다리로 된 깡마른 피라미드"라며 에펠탑을 맹렬히 비난했던 작가 모파상Guy de Moupassant은 에펠탑 내부의 식당과 카페에서 글을 쓰며 "이곳이 파리에서 유일하게 에펠탑이 보이지 않는 곳"이라고 말했다고 한다. 비호감의 대상도 자주 보면 좋아지는 현상인 '단순노출효과Mere Exposure Effect'는 '에펠탑 효과Eiffel Tower Effect'라고도 불린다.

예술을 비용으로 평가해서도 안 된다. 청계천 앞에 서 있는 클래스 올덴버그Claes Oldenburg와 코샤 반 브르군Coosje Van Bruggen 부부의 작품 「스프링Spring」이 비난받는 이유는 35억 원을 들여 거대하고 알록달록한 대변 모형을 만들었다는 점이 아니라, 소비 자본주의를 주제로 작품 활동을 해온 올덴버그가 청계천의 역사를 담아내는 동시에 서울의 랜드마크가 될 조형물에 가장 적합한 시대정신을 갖춘 작가였는지, 그리고 청계천을 방문한 적도 없는 올덴버그가 청계천의 상징물로 인도양 조개 형태를 디자인한 의도가 납득 가능한지에 초점을 맞추어야 한다.

미국은 「기울어진 호」 사건 이후 1990년 '시각예술저작자의 권리에 관한 법률Visual Artists Rights Act, 이하 'VARA''을 제정해 전시를 목적으로 제작된 시각적 저작물에 대해서만 일정한 경우에 한해 저작인격권을 보호하고 있다. VARA에서 말하는 시각예술저작물이란 단 1개의 복제물 또는 저작자가 서명하고 일련번호가 부여된 200개 이하의 한정된 복제물, 전시 목적을 위해 제작된 정지된 사진영상, 조각의 경우에는 저작자에 의해 연속적인 번호가 부여되고 저작자의 서명이나 다른 식별 표지가 된 200개 이하의 반복 주조, 조각, 제작된 조각물로 존재하는 회화, 소묘, 판화, 조각을 말한다. 상당히 제한적으로 저작인격권을 인정하지만, 또한 '인정된 저작물Work of Recognized Stature'에 대해서는 고의적이거나 중대한 과실에 의한 파괴를 금지할 수 있는 권리를 부여한다. 그러나 VARA는 장소 특정적 저작물에는 적용되지 않는다. 사회적 합의의 결과라면 예외의 예외도 자연스럽게 받아들여질 수 있다.

저작권법은 예술 작품의 질에 대해 판단하지 않는다. 다른 법률에서 자주 볼 수 있는 '공서양속에 의하여'라는 기준 또한 저작권법에는 적용되지 않는다. 어린아이가 그린 그림이든, 거장의 그림이든 작품성에 대한 판단은 이루어지지 않는다. 그러나 어쩔 수 없이 작품의 존치에 대한 판단이 필요한 경우에는 절차적 정당성에 기댈 수밖에 없지 않을까. 최선의 방법을 찾기 위한 정당한 사회적 합의 과정을 거친다면, 설사 그 결과가 폐기라고 할지라도 받아들여야 할 필요가 있다. 예술 작품을 파괴하는 것은 후손들에게 훌륭한 작품을 향유할 기회를 빼앗을 수 있는 무서운 결과를 가져올 수 있지만, 이마저 현 시대가 선택한 결과라면 어쩔 수 없다. 돌이킬 수 없는 실수를 하지 않도록 서로가 서로를 끈질기게 설득해야 한다.

미국에서는 「기울어진 호」 철거를 논의하기 위해 텔레비전 토론회까지 열렸으며 작품 설치 이후 약 8년여간의 공론화 과정을 거친 끝에 작품이 철거됐다. 우리나라에도 유사한 사례가 있다. 2002년 설치된 서울 광화문 흥국생명 건물 앞 조나단 보로프스키Jonathan Borofsky의 「망치질하는 사람Hammering Man」은 시민들의 보행과 작품 주변의 시민광장 조성을 위해 2008년 4.8미터 이동해 재배치됐다. 서울시와 흥국생명, 네델란드 건축 집단 '메카누Mecanoo', 건축가 하태석 등이 참여해 1년 이상의 논의 끝에 작품을 도로 쪽으로 재배치했고 덕분에 오늘도 여전히 해머링맨은 망치질을 계속하고 있다.

5. 서태지가 진압한 이재수의 난

패러디

많은 사람들이 1990년대를 '대한민국 대중음악의 황금기'로 꼽는 이유가 각자 떠올리는 젊은 날의 추억과 향수 때문만은 아닐 것이다. 당시에는 동시대의 음악 차트에 발라드, 댄스, 일렉트로닉, 테크노, 레게 등 다양한 장르의 음악들이 공존했다. 김건모의 「핑계」가 18주 동안 1위를 독식하고 DJ DOC, 박진영, 쿨, 룰라가 데뷔한 1994년, 130만 장의 앨범이 판매되며 각종 순위를 점령한 곡은 소년의 목소리와 동화 같은 가사가 어우러져 많은 사람들의 심금을 울린 '더 클래식'의 「마법의 성」이었다. 민주화를 위한 격동의 시간을 넘어 먹고살 걱정 없을 만큼은 풍요로워진 시대가 오자 사람들은 치열함과 무거움을 벗어던지고 자유와 즐거움을 추구하며 잃어버렸던 개성을 되찾기 시작했다. 김광석, 크라잉넛, 서태지와 아이들이 공존하던 시대. 관습에 저항하고 무엇보다 '나'의 가치를 중시하던 다양성의 시대. 내가 원하는 모든 것을 행할 수 있는 자유의 시작. 이것이 1990년대를 무지갯빛으로 기억하는 이유가 아닐까.

서태지와 아이들이라는 이름과 1990년대 대중음악을 같은 선상에서 떠올리는 것은 자연스러운 현상이다. 1992년 한 신인가수 소개 프로그램에서 최하의 점수를 받으며 데뷔한 서태지와 아이들은 그야말로 '문화 대통령'으로 신세대들의 삶과 사회에 지대한 영향을 미쳤다. 당시에는 음반을 발매하기 전 공연윤리위원회의 사전 심의를 거쳐야했으며 발매 후에도 음반이 이전과 동일한지 다시 심의받는 '가요 사전심의제'가 존재했다. 사전심의제는 창작물에 대한 사전 검열로 표현의 자유를 심각하게 침해한다는 지적이 있었고 가수 정태춘을 중심으로 폐지 운동이 꾸준히 이루어졌다. 이를 사회 문제로 부각시켜 결국 폐지를 이끌어낸 일등공신은 바로 서태지다. 서태지와 아이들의 4집 수록곡 「시대유감」은 당시 공연윤리위원회로부터 가사를 수정하라는 지시를 받았고 이를 거부한 서태지가 「시대유감」의 가사를 삭제하거나 일명 '삐-' 처리해 싣자 공연윤리위원회가 서태지를 검찰에 고발했다. 가사를 무단으로 변경하는 불법 행위를 저질렀다는 이유였다. 이에 분노한 팬들을 중심으로 가요 사전심의제 폐지 운동이 일어났고 이후 헌법재판소가 위헌결정을 내림으로써 결국 1996년 6월 가요 사전심의제는 폐지됐다. 당시 정치권에 '서태지와 아이들 문제 진상 조사단'까지 구성됐다고 하니 사건의 파장이 얼마나 컸는지 짐작할 수 있다. 서태지는 음악사뿐만 아니라 우리나라 음악 산업의 정책과 제도 발전에 혁혁한 공을 세운 것으로 평가된다. 수많은 곡 중에서도 「컴백홈Come Back Home」은 우리나라 법제사에 중요한 패러디 판례를 남겼다.

이재수를 안다면 당신은 아마도 서태지와 아이들에 열광하고 핑클의 가요대상 수상을 지켜봤으며 지오디god 팬클럽이었을지 모른다. 「박소현의 FM 데이트」, 「김현철의 밤의 디스크쇼」, 「신해철의 음악도시」를 들으며 숙제를 하고, 일요일에는 「이소라의 프로포즈」를 보면서 한 주를 마무리했을 것이다. 아시아의 별 보아의 일본 성공 다큐를 보며 벅찬 감동을 느끼고 김장훈 콘서트에서 함께 발차기를 하다 토이를 들으며 첫사랑의 아픔을 이겨냈을 것이다. 그렇다면 당신은 현재 김동률 앨범을 손꼽아 기다리며 연인과 함께 이적의 연말 콘서트에 갈 것이며 아마도 「보헤미안 랩소디 Bohemian Rhapsody」에 감동하지 않는 세대들을 안타까워할지도 모른다. '마왕'이라는 단어에 신해철을 떠올리고 "이 노래 몰라?"를 연발하며 「슈가맨」에 나오는 노래를 신나게 따라 부르며 「무한도전」 종영 소식에 어쩐지 내 청춘도 함께 떠나가는 듯한 쓸쓸함을 느낀다면, 당신의 기억 속 어딘가에 이재수라는 이름이 남아 있을 것이다.

음치 가수로 인기를 얻었던 이재수는 2001년 서태지와 아이들의 「컴백홈」을 「컴배콤」으로 패러디해 음반을 발표했고 이 음반에 대해 서태지가 판매 및 방송금지 가처분과 동시에 저작인격권 침해를 주장했다. 서태지 측에서 밝힌 내용에 따르면 이재수 측에서 패러디 허락을 요청했으나 허락하지 않았다. 이후 음반이 발매된 사실을 알고 이재수 측에 확인한 결과, 한국음악저작권협회의 절차를 밟아 음반을 발매했다는 답을 들었다고 한다. 한국음악저작권협회는 「컴배콤」 사용에 대해 사전 승인을 한 적이 없으며 원작자의 허락 없이 사후 승인도 불가할 것이라고 했으나, 어떻게 된 일인지 협회는 이후 사후 승인을 결정했다. 이재수 측은 "패러디를 이해하지 못한 문화 대통령이 속 좁게 소송을 제기했다"는 입장을 발표했다. 이에 서태지는 패러디나 이재수 개인에 대한 소송이 아니라 올바른 저작권 보호와 음악인의 정당한 권리를 위한 주장이라며 소송을 진행했다. 결과는 서태지의 승리.

이재수는 활동을 중단하고 역사 속으로 사라졌으나 서태지는 다시 한국음악저작권협회와 기나긴 소송을 시작했다. 자신의 의사에 반하는 사용 승인을 허락한 협회에 대해 협회 탈퇴 의사를 밝혔지만, 협회가 구체적인 탈퇴 사유를 밝히라며 탈퇴 절차를 미루자 신탁행위금지가처분 소송을 통해 결국 협회를 탈퇴했다.[7] 이후 자신이 탈퇴 후에도 저작권 사용료를 부당하게 징수하고 지급하지 않았다며 협회를 대상으로 부당이득금반환청구소송을 제기했고 2014년 화해 결정을 받아들임으로써 장장 12년간의 소송을 종료했다. 법과 제도가 발전하기 위해서는 다양한 분쟁이 발생해야 한다는 말이 있듯이, 서태지와 관련한 일련의 소송 과정은 그동안 주목하지 않았던 음악 산업의 다양한 저작권 문제를 되짚어보게 하는 중요한 계기가 됐다.

소송에서 수많은 이슈를 다루었는데, 주목할 쟁점은 패러디의 동일성유지권 침해 여부에 대한 판단이다. 이재수 측은 「컴배콤」이 음치가 놀림받는 사회의 현실을 비판하며 대중적으로 우상화된 인물이라도 한 인간에 불과하다는 등의 비평과 풍자가 담겨 있는 패러디라고 주장했다. 저작권법상 패러디에 대한 정의는 규정되어 있지 않지만 법원

---

[7] 한국음악저작권협회의 신탁관리에 대한 상세한 설명을 6장 '아나바다 저작물'에서 이어진다.

은 패러디에 대해 기존의 저작물에 풍자나 비평 등으로 새로운 창작적 노력을 부가함으로써 사회 전체적으로 유용한 이익을 가져다준다고 판단했다. 그러나 패러디는 저작권자의 동일성유지권과 충돌할 수밖에 없기 때문에 동일성유지권의 본질적인 부분을 침해하지 않는 범위 내에서 예외적으로 허용될 수 있다며 패러디 인정 범위를 좁게 해석했다. 동일한 맥락에서 법원은 원저작물을 비평하거나 풍자하는 '직접적 패러디'만 인정했으며 원저작물을 이용해 사회 현실, 정치 등을 풍자하는 '매개적 패러디'는 인정하지 않았다. 이런 요건에 비추어볼 때 「컴배콤」은 원곡에 대한 비평적 내용을 부가해 새로운 가치를 창출한 것이 아니라 단순히 웃음을 자아내는 정도에 그치며, 원저작물이 아닌 사회 현실에 대한 비평을 담은 매개적 패러디이므로 허용되지 않는다고 결론 내렸다.

최근 온라인에서 이루어지고 있는 수많은 패러디들은 '단순한 웃음'을 위한 작품들이 다수다. 전문가들은 싸이의 「강남스타일」이 전 세계적인 인기를 얻은 가장 중요한 요인으로 온라인에서 자발적으로 생산된 다양한 패러디 영상을 꼽는다. 웃음은 문화 발전뿐만 아니라 일상을 위해 중요한 요소다. 단순한 웃음을 유발하는 것 또한 쉬운 일은 아니다. 패러디의 요건으로 원저작물에 대한 직접적 비평이 필요하다는 주장에 대한 근거로 정치, 사회 등을 비판하거나 자신의 의견을 표현하기 위해 굳이 타인의 권리를 침해해야 하는지에 대한 비판의 목소리가 높다. 저작권을 침해하지 않는 작품이나 방법을 찾아 표현하라는 것이다. 이용자 입장에서는 이 또한 쉬운 일이 아니다. 굳이 '그' 저작물을 사용해야 가장 효과적으로 자신의 사상과 감정을 표현할 수 있는 가장 훌륭한 창작물을 만들 수 있으니 굳이 '그' 저작물을 사용하는 것이기 때문이다.

미국의 유명한 패러디스트인 위어드 알 얀코빅Weird Al Yankovic은 빌보드 차트 1위는 물론 그래미상을 4회나 수상할 만큼 실력 있는 음악인으로 인정받는다. 얀코빅은 주로 시대를 대표하는 음악을 패러디한다. 그래서 가수들은 얀코빅이 자신의 음악을 패러디하는 것을 기쁘게 생각한다. 패러디가 비교적 자유로운 미국에서도 패러디가 받아들여지기까지 많은 분쟁이 있었다. 그중 대표적인 사건이 우리나라에도 잘 알려진 영화 「귀여운 여인Pretty Woman」의 주제곡을 패러디한 캠벨 사건Campbell v. Acuff-rose이다. 원곡인 「오, 귀여운 여인Oh, Pretty Woman」의 창작자들은 이 곡을 랩 버전으로 변형하겠다는 '투라이브크루2LiveCrew'의 사용 승인 요청을 거절했고, 투라이브크루가 이를 무시한 채 음반을 발매하자 저작권 침해금지소송을 제기했다. 이 사건에서 원고인 원저작자들은 투라이브크루가 상업적인 목적으로 원고의 저작물을 이용했다는 점을 강조했고, 반면에 피고인 투라이브크루는 흑인 음악인 랩을 이용해 해당 영화와 음악에 내포된 백인 중심의 음악적 가치를 조롱하고 주류 문화를 비판할 목적으로 패러디했다고 주장했다. 연방대법원은 "원저작물을 일부 이용해 원저작물 자체를 비평함으로써 새로운 창작물을 만드는 행위를 패러디"라고 정의하며 논란이 됐던 "상업적 목적의 패러디 또한 패러디로 인정될 수 있다"고 판시했다. 이후 잡지 『베니티페어Vanity Fair』의 표지로 사용된 임신한 영화배우 데미 무어Demi Moore의 누드 사진을 패러디해 코미디 영화를 홍보한 파라마운트영화사에 대한 저작권 침해 사건에서는 '웃음을 자아내는 패러디'도 인정했다. 그러나 동화 작가 닥터수스Dr. Seuss의 대표작인 『모자를 쓴 고양이The Cat in the Hat』를 이용해 오제이 심슨OJ Simpson 사건을 패러디한 『모자를 안 쓴 고양이The Cat not in the Hat』에 대해서는 원저작물과 관계없이 다른 것을 조롱하기 위한 것이라며 패러디를 인정하지 않았다.

결국 사안별로 다양한 요소들을 고려해 패러디 성립 여부를 판단할 수밖에 없지만 패러디를 인정해야 하는 대전제는 명확하다. 신랄한 비판을 위한 패러디나 큰 웃음을 주는 해학적 패러디 또는 상업적이거나 비상업적인 패러디

등 각종 패러디는 문화의 다양성을 유지하고 풍성하게 만들어주는 예술의 한 장르다. 패러디는 저작권자의 허락 없이 타인의 저작물을 이용할 수 있다. 타인의 저작물을 명백하게 침해하는 행위인 패러디를 인정하고 원저작자의 저작권을 제한하는 이유는 패러디가 표현의 자유와 닿아 있어서다. 물론 표현의 자유를 이유로 타인의 권리를 부당하게 침해할 수 있는 것은 아니다. 패러디라도 타인의 명예를 훼손하거나 원저작물의 수요를 부당하게 감소시킨다면 인정될 수 없다. 성공한 패러디는 원저작물의 시장 수요를 대체하지 않는다. 『베니티페어』의 표지를 장식한 데미 무어의 포스터를 구매하려던 사람이 대신, 데미 무어의 신체에 드라마 「총알 탄 사나이」로 유명한 배우 레슬리 닐슨Leslie Nielsen의 얼굴이 합성된 포스터를 구매할 가능성은 거의 없을 것이다. 무책임하게 들릴지 모르겠지만 패러디인지 저작권침해인지 미리 판단할 수 있는 명쾌한 방법은 없다. 패러디를 하려는 자와 원저작자 모두 '상식'을 바탕으로 하되, 충돌이 발생할 경우 최종 판단은 법원에 맡길 수밖에 없다. 때로는 법보다 상식에 기대는 것이 가장 합리적인 결과를 가져오기도 한다.

6. 아나바다 저작물

2차적저작물작성권

'아나바다'는 '아껴 쓰고 나눠 쓰고 바꿔 쓰고 다시 쓰기'의 준말이다. IMF 시절 전 국민이 금을 모으고 지출을 줄이며 절약을 위해 벌인 운동 중 하나로 아나바다가 있었다. 곳곳에서 아나바다 장터가 열려 어른부터 아이까지 쓰던 물건들을 가지고 나와 팔기도 하고 바꾸기도 하며 재활용의 의미를 되새겼다. 유례없는 IMF 조기 졸업 이후에는 심각한 환경오염 탓에 재활용이 강조되며 아나바다가 이어졌다. 최근에는 슬로우 라이프, 미니멀 라이프 스타일의 유행과 경제난으로 인한 공유 경제의 확산으로 과시성 소비보다는 가치 있는 소비를 추구하는 경향이 강해졌다. 어떤 이유에

서든 자원을 소중히 여기고 불필요한 소비를 줄이는 것은 전 인류가 동참해야 할 중대한 과제임에는 틀림없다.

공중 화장실이나 음식점, 공공기관 등에서 무상으로 제공되는 휴지, 물, 일회용품 등을 함부로 낭비하고 틈만 보이면 쓰레기를 우겨 넣는 모습을 보면 아무리 잘 차려 입고 명품을 휘감고 있는 사람이라도 인격을 의심하게 된다. 이를 닦을 때는 수도꼭지를 잠그고 공중화장실 휴지는 많이 쓰는 사람이 승리하듯 낭비하지 말아야 한다. 그래도 우리나라 재활용 비율이 OECD 국가 중 2위라니 그나마 다행이다 (1위는 독일이다). 한 가지 더 바란다면 '다시 쓰기'의 비율이 조금 더 높아졌으면 한다. 어렸을 때를 생각해보면 동네마다 고장 난 물건은 뭐든지 고쳐주는 분들이 있었다. 시계나 라디오는 기본이며 바람에 뒤집어져 망가진 우산도 고쳐주고, 떨어진 가방 끈도 달아주고, 무뎌진 칼날도 갈아주었다. 고장이 나면 일단 고쳐보는 것이 상식인 시대가 있었다. 지금은 고치는 것보다 사는 것이 더 효율적인 시대라고 하지만, 낡고 불편하다고 가치가 없는 것은 아니다. 물건이든 사람이든, 보이는 것이 다는 아니다.

서삭물노 재활용이 가능하다. 가장 쉽게 찾을 수 있는 사례는 리메이크된 음악과 영상 저작물이다. 원작을 바탕으로 재구성해 탄생한 새로운 저작물을 '2차적저작물'이라고 한다. 빅뱅의 「붉은 노을」은 이문세의 「붉은 노을」의 2차적저작물이다. 박찬욱 감독의 영화 「아가씨」는 영국 소설 「핑거스미스Fingersmith」의 2차적저작물이다. 2차적저작물을 제작할 수 있는 권리는 원저작자에게 있다. 원작자인 이영훈의 허락 없이 빅뱅의 「붉은 노을」은 제작될 수 없다. 박찬욱 감독은 촬영 전 원작자인 사라 워터스Sarah Waters에게 「아가씨」의 시나리오를 보내 의견을 들었다고 한다. 이때 시나리오를 읽은 원작자는 박찬욱 감독의 창작성을 인정해 '~을 바탕으로 한Based on~'이라는 일반적인 원작 표기를 '~로부터 영감을 받은Inspired by'로 바꾸는 것이 어떠냐는 제안을 했다고 한다.

2차적저작물작성권을 원작자에게 부여한 가장 큰 이유는 '무임승차'와 '시장대체'를 막기 위해서다. 원작을 바탕으로 새로운 작품을 작성하는 경우 후속 작가의 창작성도 발휘되지만, 어쨌든 원작을 사용한 대가를 치러야 하고, 원작의 일부를 포함한 후속작이 시장에 등장하면 후속작을 감상한 이용자들이 원작을 소비할 가능성이 낮아진다. 후속작을 통해 원작을 다시 찾을 가능성도 있지만, 영화 「아가씨」를 본 관객은 소설 『핑거스미스』를 읽지 않을 가능성이 더 높다고 보는 것이 일반적이다. 줄거리가 유사하기 때문에 허영만 작가의 『타짜』를 궁금해했던 잠재적 독자의 일부는 원작 대신 영화 「타짜」를 관람할 수 있다. 원작을 바탕으로 탄생한 후속저작물이 원작의 잠재적 시장을 대체할 수 있기 때문에, 사전에 원작자에게 허락을 받게 한다. 원작자는 2차적저작물작성을 허락하고 사용료를 받을 수 있으며 흔히 '크레디트Credit'라고 불리는 원작과 원작자 표기를 요구할 수 있다. 정당한 원작자 표기는 성명표시권과 관련된 가장 중요한 사용승인 요건이라고 할 수 있는데, 사용승인을 받는 측에서 소홀히 여겨 문제가 발생하는 경우를 종종 볼 수 있다. 음반의 원작자 표기를 잘못해 이미 인쇄된 앨범 속지에 일일이 스티커를 붙여 수정하기도 하며 발매 후 오기가 뒤늦게 발견되어 원작자가 침해를 주장하기도 한다.

후속저작물의 저작자가 누구인지에 대해서는 경우가 나뉜다. 원작자와 후속저작자의 협의를 통해 원작자에게 사용승인료만 지급하고 후속저작물에 대한 저작권을 인정하지 않거나, 원작자의 사용승인과 함께 후속저작물에 대한 저작권의 일정 지분을 분배할 수 있다. 후속저작물을 원저작물의 단순 재편집본으로 보아 저작권을 원작자에게 귀속시키기도 한다. 영상저작물은 사용승인료만 지급하는 것이 일반적이고, 음악저작물은 원작자에게 후속저작물의 저작권 지분까지 인정하는 경우가 많다. 개별 사안별로 다를 수 있으므로 '일반적'이라는 것이 절대적인 규칙을 의미하지는 않는다.

　정당하게 탄생한 2차적저작물은 그 자체로 새로운 창작물로서의 지위를 가진다. 영화 「타짜」의 스틸컷을 사용한다면, 허영만 작가가 아닌 영화저작권자의 허락을 받아야 한다. 영화 「타짜」가 개봉한 이후 드라마 「타짜」를 제작하기 위해서는 원작자의 승인은 당연하고 영화 「타짜」 권리자의 승인이 필요할 때도 있다. 드라마 「타짜」에서 영화 「타짜」만의 창작성이 나타난 부분을 사용할 수 있기 때문이다. 원작과 후속저작물의 창작성을 물리적으로 구분하기 어려운 경우가 많아서 원작자와 2차적저작물작성자 모두의 사용승인을 받으면 분쟁을 방지할 수 있다.

　원작자로부터 2차적저작물작성에 대한 승인을 받았다고 해서 모든 문제가 해결되는 것은 아니다. 2차적저작물작성권은 저작재산권 중 하나여서, 저작재산권 문제를 해결해도 저작인격권 문제가 남아 있다. 원작자의 입장에서는 2차적저작물작성을 허락했더라도, 완성된 후속저작물이 본인의 명예 또는 원작의 가치를 훼손하는 등의 사유가 발생하면 저작인격권 침해를 주장할 수 있다. 2차적저작물작성을 허락할 경우에는 저작인격권 주장을 할 수 없도록 해야 한다는 주장도 있지만, 저작재산권과 별도로 저작인격권을 인정하고 있는 우리나라 저작권법의 체제와 취지에 따라 저작재산권 사용 허락으로 인해 저작인격권을 제한할 수 있다고 보기는 어렵다. 다만 이럴 때 원작자의 저작인격권 침해 주장에 대한 판단이 일반적인 경우보다 더 엄격하게 이루어질 수 있다.

2007년 가수 김동률이 자신의 홈페이지에 '하소연'이라는 글을 올린 적이 있다. 자신이 쓴 곡의 일부가 사전 허락 없이 리메이크되어 속상하다는 내용이었다. 유일하게 가수 인순이만 자신의 곡인 「거위의 꿈」의 리메이크를 사전에 승인받았다고 한다. 2005년 가수 조용필의 히트곡을 모아 리메이크 앨범을 제작한 그룹 엠씨더맥스는 조용필이 이의를 제기하자 앨범 100장과 사과문을 전달하며 잘못을 인정했다고 한다. 흔히 말하는 리메이크곡은 2차적저작물이다. 원작자의 허락이 없이는 리메이크곡을 제작할 수 없다. 그렇다면 왜 김동률은 침해에 대한 법적 조치를 하지 않고 하소연의 글을 올리며 원작자의 사전 승인 없이 리메이크가 가능한 현실을 안타까워만 한 것일까.

현재 대부분의 음악저작물은 한국음악저작권협회(이하 '음저협')에서 신탁 관리하고 있다. 현실적으로 저작권자가 스스로 모든 저작물 사용에 대해 승인하고 사용료를 정산하는 것이 어려워서 음저협에 저작재산권을 신탁해 협회가 일괄적으로 승인 및 정산 업무를 처리한다. 신탁이라는 제도는 자신의 권리를 상대방에게 이전해 관리하게 하는 것이라서 작가가 자신의 저작재산권을 협회에 신탁할 경우 음저협이 저작재산권자가 된다. 김동률과 조용필이 저작재산권을 신탁한 음저협의 회원이었기 때문에, 김동률과 조용필의 음원에 대해 음저협이 저작재산권자다. 엠씨더맥스는 정당한 권리자인 음저협의 승인을 받아 리메이크 음반을 발매했다. 정확히 말하면 음저협으로부터 저작재산권에 한해 사용을 승인받았다.

인격권[8]은 타인에게 양도가 불가능한 권리이므로 신탁 대상이 되지 않으며 원작자에게 남아 있다. 리메이크를 할 경우 저작재산권자인 협회와 인격권자인 원작자 모두의 승인을 받아야 한다. 그렇다면 더더욱 김동률은 인격권 침해를 주장할 수 있는 것이 아닌지 의문이 들 수 있다. 하지만 인격권 침해는 말 그대로 인격적 이익이 침해된 경우에 성립하는데, 리메이크 음원으로 인해 원작자의 인격적 이익이 침해됐다고 보기는 어렵다. 물론 저작인격권 중 하나인 동일성유지권은 원작의 완전성을 보호하는 권리이므로 원작

---

8 일반적인 인격권과 저작권법에서 인정하는 저작인격권은 차이가 있다. 저작인격권은 저작자에게 인정되는 공표권, 성명표시권, 동일성유지권을 의미하고, 인격권은 인간이 가지는 존엄과 가치, 행복추구권에 근거한 총체적인 인격적 권리를 의미한다. 이 글에서는 인격권과 저작인격권을 나누고 인격권이 저작인격권을 포함하는 의미로 사용한다.

의 변경 자체만으로 침해가 성립한다는 견해가 있으나, 그 변경의 정도가 경미할 경우에는 동일성유지권 침해로 보기 어렵다는 것이 주된 해석이다. 일반적으로 리메이크곡은 원작을 바탕으로 편곡을 재정비하는 차원에서 이루어지기에 변경의 정도가 높다고 보기 어렵고, 리메이크는 원곡이 훌륭하다는 전제하에 이루어져 오히려 원작자에 대한 존경의 의미마저 담겨 있는 경우가 많다. 그렇다고 해서 원작자가 리메이크에 대해 절대로 인격권 침해를 주장할 수 없는 것은 아니다. 예상치 못한 심대한 변경을 했다거나 원작자나 원곡을 모욕하거나 훼손할 수 있다고 판단되는 변경에 대해 인격권 침해를 주장할 수 있다. 하지만 일반적으로 리메이크 자체에 대한 인격권 침해를 인정하기 어렵다. 일련의 사건을 거쳐 현재 음저협은 원작자로부터 사용 승인을 받았다는 증명 없이 리메이크를 허락하지 않는다.

법적인 문제를 떠나 타인의 저작물을 이용할 경우 원작자의 의사를 묻는 것은 상식에 가깝다. 약물 과다 복용으로 사망한 전설적인 기타리스트 지미 헨드릭스Jimi Hendrix를 추모하는 재단인 익스피리언스 헨드릭스Experience Hendrix는 술과 약물 사용, 과도한 폭력, 성적인 내용, 모욕적이고 서속한 언어를 포함하는 사안에는 사용료와 관계없이 헨드릭스의 음원 사용을 허락하지 않는다. 원작자가 2차적저작물작성을 승인하지 않는 경우에 대부분은 사용료 문제로 여기지만, 사실 많은 사안에서 핵심 문제는 '존중'이다. 원작자의 인정과 함께 비로소 온전한 2차적저작물이 완성될 수 있다.

7. 분쟁 없는 분쟁조정위원회

퍼블리시티권

수년째 우리나라 예능프로그램 인기순위 1위는 단연 「무한도전」이었다. 한국갤럽의 가장 즐겨보는 텔레비전 프로그램에 대한 조사에 의하면 2013년부터 2016년까지 「무한도전」은 단 한 번도 1위를 놓친 적이 없다. 세월호 사고와 대통령 탄핵으로 인한 사회의 암흑기에 시청률이 하락하기는 했지만 여전히 1위를 기록했다. 심지어 2017년 MBC 파업으로 인한 결방 기간 중에도 2위를 기록하는 기염을 토했다. 이때는 시사예능 프로그램인 JTBC의 「썰전」이 시청률 1위를 차지했다는 점 또한 사회적 변화를 느끼게 한다.

2016년 7월 23일 방송된 「무한도전」은 '분쟁조정위원회'

를 열어 유행어 '히트다 히트'의 저작권이 누구에게 귀속돼야 하는지에 대한 원작자 공방전을 펼치는 내용을 담아냈다. 이전 방송에서 박명수가 언급한 '세계의 히트'라는 말을 이용해 '히트다 히트'라는 유행어를 만든 하하가 이후 단독으로 광고를 촬영한 사실이 밝혀지자 박명수가 자신의 권리를 주장하는 설정으로 방송이 진행됐다. 자신이 원작자라고 주장하는 하하와 박명수 중 정당한 저작권자를 판단하기 위해 다수의 증인들뿐만 아니라 실제 저작권과 엔터테인먼트 사건 전문 변호사 6명이 출연해 각자 의견을 펼쳤다. 변호사들은 아이디어 제공에 대한 이익을 배분할 필요가 있다, 박명수에게 사례를 해 합의하고 하하가 광고 수익을 가질 수 있다, 유행어에 대한 권리를 강화해 예능인의 이익을 보호해야 한다는 등의 의견을 제시했으며 6명 중 4명이 박명수의 손을 들었다. 결국 '히트다 히트'는 1922년생인 본인의 할아버지가 자주 하시는 말씀이라는 시청자 제보와 1920년대 한 신문사에서 야구 용어로 히트를 사용했다는 점, 1937년 연예 기사에서 '히트 치다'라는 용어를 사용했다는 점 등을 보여주며, 하하가 박명수에게 소정의 사례를 하고 '히트다 히트'는 공공의 소유로 간주한다는 결론으로 조정은 끝났다.

    재미를 위해 상황을 설정한 것이지만, 엄밀히 따지자면

해당 방송은 주제에 오류가 있으며 출연한 변호사의 설명이 잘못된 부분도 있었다. 웃자고 한 말에 죽자고 덤빈다는 핀잔을 들을 수 있겠으나, 실제 조정의 형식을 이용해 변호사까지 출연했기에 해당 방송의 법적 논의를 시청자가 사실로 받아들일 여지가 있고, 저작권에 대한 잘못된 사회적 통념이 생길 수 있으므로 굳이 짚고 넘어가려고 한다.

먼저 '히트다 히트'의 저작권 분쟁이라는 주제에 오류가 있다. 저작권 문제가 아니기 때문이다. 저작권법은 인간의 사상과 감정이 표현되지 않은 책 제목, 노래 제목, 캐릭터 이름, 지명 등을 보호하지 않는다. 몇 개의 단어로 구성되어 있는 제목이나 이름 등을 저작권법의 보호 대상인 인간의 사상과 감정을 표현한 창작물로 보기는 어렵다. 아이돌 그룹 투애니원의 「내가 제일 잘나가」라는 곡을 작사, 작곡한 프로듀서가 '내가 제일 잘나가사끼 짬뽕'이라는 문구로 광고를 한 식품사를 상대로 제기한 저작권 침해 소송에서 법원은 "음악 저작물인 대중가요의 제목은 저작물의 표지에 불과하고 독립된 사상, 감정의 창작적 표현이라고 보기 어렵다"고 판시했다. 또한 '비목문화제'를 개최한 강원도 화천군을 대상으로 가곡 「비목」의 작사가가 제기한 저작권 침해 소송에서도 법원은 제목의 저작권을 인정하지 않았다.

누군가에게 특정한 '말'에 대한 독점적 권리를 부여할 수는 없다. 독점적 권리를 부여한다는 것은 타인의 사용을 배제할 수 있다는 전제가 있을 수 있기 때문이다. 누군가에게 '히트다 히트'라는 말에 대한 독점적 권리를 부여할 경우 향후 '히트네 히트', '히트 히트', '히트다잉' 등 유사한 모든 말을 자유롭게 사용할 수 없게 되는 위험한 상황이 벌어질 수 있다. '내가 제일 잘나가'라는 말을 언급할 때마다 이 말이 누군가의 권리를 침해한다고 생각하면 제목이나 슬로건 등의 '말'에 왜 쉽게 권리를 부여할 수 없는지 잘 알 수 있다.

물론 권리를 인정한다고 하더라도 일상에서 나누는 말에 대한 침해를 주장할 수 없다. 앞에서 언급한 사건들 또한 상업적인 이용에 대한 침해 주장이다. 연예인에게 유행어는 생업과 직결되는 중요한 자산이며 많은 시간과 노력을 투입해 만들어낸 것이기 때문에, 이를 타인이 허락 없이 사용해 이득을 취한다면 부당하다고 볼 수 있다.「무한도전」에서 한 변호사가 하하의 편을 든 정준하에게 "본인은 법원에서 유행어에 대한 권리를 인정받았으면서 침해를 당한 박명수의 편에 서지 않는 것은 모순"이라고 지적했다. 2004년 정준하는 자신의 얼굴 캐릭터와 유행어 '두 번 죽이는 거예요'를 이용한 모바일 서비스 콘텐츠 제작사를 상대로 한 소송에서 승소해 손해배상을 받았다. 정준하가 인정받은 권리는 퍼블리시티권이다. 퍼블리시티권은 현재 우리나라 저작권법에서 인정하는 권리가 아니다.

퍼블리시티권은 초상뿐만 아니라 이름, 목소리, 서명, 성품, 동작 등 총체적 인성에 대한 상품성을 보호하는 권리다. 일찍부터 대중문화 산업이 번성했던 미국을 중심으로 발전된 권리로, 우리나라에서도 문화 산업이 급격히 도약하면서 퍼블리시티권에 대한 관심이 높아졌다. 현재 일부 사건에서 법원이 퍼블리시티권을 인정한 경우가 있으나, 성문법주의 국가인 우리나라에서 법률에 근거하지 않는 권리를 인정할 수 없다는 이유로 받아들이지 않은 경우도 있다. 성문법주의란 사안에 대해 법률에 존재하는 규정을 우선해 판단하는 원리다. 이에 비해 불문법주의를 따르는 미국은 오랫동안 쌓인 판례를 바탕으로 사안을 판단한다. 우리나라에서 명확하게 퍼블리시티권을 인정받기 위해서는 먼저 입법 절차를 거쳐야 하는데 퍼블리시티권 관련 법안은 현재 수년째 국회에 계류 중이다.

『아프니까 청춘이다』의 저자 김난도 서울대 교수는 라디오 프로그램에 출연해 "'에프니까 청춘이다'가 가장 인상적인 패러디"라고 소개했다. 『정의란 무엇인가』가 베스트셀러 1위를 차지하고 『88만 원 세대』가 삼포세대로 진화하던 시대에 『아프니까 청춘이다』라는 한마디가 사회에 불러일으킨 영향력은 대단했다. 이후 '아프니까 환자다', '아픈 니가 청춘이다', '아프니까 병원 가라' 등 다양한 패러디가 유행하면서 많은 사람들이 웃픈 현실을 함께 나누었다. 지금껏 '외로우니까 사람이다'라는 시구를 쓴 정호승 시인이 김난도 교수에게 저작권을 주장했다는 소식은 들리지 않는다. 문화는 흘러야 하고 나누어야 한다. 노력에 대한 정당한 보상은 당연하지만, 역시 웃자고 한 말에 죽자고 덤비는 것은 경계할 필요가 있다.

8.

살리에리의 슬픔

창작성과 '이마의 땀'

서울의 신사역을 지나가다 보면 대부분의 벽을 '비포 애프터' 사진이 차지하고 있다. 사각턱이었던 누군가는 어느 원장님의 손에서 조막만 한 얼굴로 변모해 모델 포즈를 취하고, 몇 가닥 남지 않은 머리카락을 대충 넘긴 침울한 인상의 누군가는 풍성해진 머리카락과 함께 잃어버린 제 나이를 되찾았다면서 환하게 웃고 있으며, 누군가는 한층 빵빵하게 차오른 볼이 가져다주는 회춘의 기적을 경험하라고 권한다. 그렇게 수많은 사람들이 이 일내에서 나시 태어났다고 하니, '이생망('이번 생은 망했다'라는 의미의 신조어)'이라는 말은 적어도 외모와 관련해서는 해당 사항이 없는 것

같다.

　인공지능이 음악도 틀어주고 대화도 나누는 21세기에 성형수술에 대해 부정적인 주장을 펴고 싶지는 않다. 사회생활에 지장을 주거나 스스로 자신감을 상실할 정도의 문제가 있다면 해소하는 것이 낫다고 생각한다. 다만 절박한 상황에 놓인 사람들에게 과장된 이미지와 허황된 광고로 또 다른 피해를 주는 것은 명백한 잘못이다. 사각턱이 문제인 환자가 굳이 가슴확대 수술까지 한 애프터 사진을 보여줄 필요가 있을까. 오래전 어느 텔레비전 프로그램에서 성형외과의 과도한 홍보에 대한 문제점을 지적한 적이 있다. 성형수술 비포 애프터 사진의 당사자가 출연했는데, 수술 후 외모가 나아진 것은 맞지만 광고 이미지는 수술 직후 최상의 상태에서 촬영한 것이며 포토샵 처리까지 많이 해서 실제 모습과는 차이가 있다던 인터뷰를 본 적이 있다. 광고의 특성상 어느 정도의 과장은 전제되어 있고, 수술한다고 누구나 좋은 결과를 얻는 건 아니라는 정도의 상식은 있지만, 외모도 경쟁력이라고 공공연하게 말하는 시대에 애프터 사진이 주는 강렬한 환상과 희망은 단칼에 떨쳐버리기 어렵다. 일본에서는 2018년부터 개정의료법을 통해 성형수술 환자의 비포 애프터 사진을 홈페이지에 올릴 수 없도록 했다. 사진을 보고 같은 효과를 얻을 것이라고 환자가 착각해 수술을 받을 수 있기 때문이라고 한다.

병원 입장에서 비포 애프터 사진은 영업에서 큰 비중을 차지할 것이다. 통상적으로 비포 애프터 사진을 촬영하는 조건으로 환자는 무료로 수술을 받을 수 있다. 병원은 수술비는 물론, 촬영 시 헤어와 메이크업, 의상 등을 위해 상당한 비용을 지출해야 하지만 그 이상의 광고 효과를 기대하며 기꺼이 투자할 것이다.

비포 애프터 사진이 중요한 재산적 가치를 가지게 되면서 관련 분쟁이 종종 발생하고 있다. 대표적으로 한 성형외과의 홈페이지에 게시된 모발이식 전후 사진을 다른 성형외과에서 무단으로 도용해 홈페이지에 게시한 행위에 대해 저작권 침해를 주장했던 사건이 있다. 침해 사건은 먼저 침해가 발생한 권리의 존재 여부를 판단해야 한다. 침해된 권리가 존재하지 않을 경우 해당 행위가 침해인지 여부를 판단할 필요가 없다. 따라서 이 사건에서는 비포 애프터 사진이 저작물에 해당하는지의 판단이 우선돼야 한다.

저작권법에 의해 보호되는 저작물에 해당하기 위해서는 창작성이 요구된다. 사진 저작물은 피사체의 선정, 구도의 설정, 빛의 방향과 양의 조질, 카메라 각도의 설정, 셔터의 속도, 촬영 기회의 포착, 기타 촬영 방법, 현상과 인화 등의 과정에서 촬영자의 개성과 창조성이 인정되는 경우에 한해 보호된다. 사진은 누구나 카메라를 이용해 촬영하고 현상과 인화 등의 처리 과정을 거쳐 완성된다. 따라서 사진 촬영은 기계적 작용에 상당히 의존하는 데다가, 정신적 조작의 여지가 적어 촬영자의 창작성이 발휘되는 부분이 많지 않다는 점에서 다른 저작물과 차이가 있다. 현재 사진이 예술의 한 장르라는 사실을 의심할 사람은 없겠지만, 독일 철학자 발터 벤야민Walter Benjamin으로부터 사진이 예술 장르로서 긍정적인 평가를 받은 것은 사진 기술이 발명된 지 90여 년이나 지난 후였다. 예술이 한 개인의 온전한 재능에 의해 탄생한다고 여겨지던 과거에는 상대적으로 기계에 대한 의존도가 높은 사진을 예술 장르에 포함시킬 것인지 논란이 있었다. 인스타그램Instagram에서 하루 8천만 장의 사진이 공유되는 지금도 '예술 사진의 경계'에 대한 의문은 여전히 남아 있다.

앞서 살펴본 사건에서 법원은 해당 사진은 모발 치료의 효과를 나타내고자 하는 목적을 위해 촬영됐으며 현상과 인화 과정에서도 원고의 개성이나 창조성이 가미되지 않았으므로 사진 저작물로 볼 수 없다고 판단했다. 단순히 치료의 경과를 보여주고자 하는 사진을 인간의 사상과 감정이 표현된 저작물로 인정하기 어렵다는 점에서 법원의 판단은 무리가 없어 보인다. 한편 병원 입장에서는 많은 비용과 노동력을 들여 촬영한 사진을 타인이 무단으로 사용하는 것을 금지할 수 없다면 부당한 손해를 입게 된다. 사진을 도용당한 병원은 상대방에게 민법상 불법행위책임을 물을 수 있다. 불법행위책임은 저작권 침해와 상관없이 법적으로 보호할 가치가 있는 이익이 위법하게 침해된 경우에 인정되므로, 타인 소유의 사진을 무단으로 이용한 행위는 법적으로 보호돼야 할 상대방의 이익을 침해하는 행위에 해당하며 불법행위책임을 지게 된다.

많은 사람들이 '노력형' 살리에리Antonio Salieri에게 안타까움을 느끼지만 최고의 음악가로 주저 없이 '천재형' 모차르트Wolfgang Amadeus Mozart를 꼽듯이, 예술에 있어서만큼은 노력이 온전히 보호되지 않기도 한다. 저작권법은 '이마의 땀'을 보호하지 않는다. 하지만 법은 또한 누군가의 부당한 이익도 보호하지 않는다.

9. 화성에서 온 법률, 금성에서 온 해석

매장 음악 사용료

1970년 11월 13일 청계천 평화시장 앞에서 자신의 몸에 불을 붙인 22세의 노동자 전태일이 외친 것은 "근로기준법을 제정하라"가 아니라 "근로기준법을 준수하라"였다. 당시 노동자들이 창문도 없는 공장에서 엄청난 양의 먼지와 각종 화학 약품을 마시며 하루 15시간 이상의 노동을 하고 한 달에 하루 이틀밖에 쉬지 못하며 만성 위장병과 피부병 등 수많은 질병에 시달리면서도 커피 한 잔 값에 해당하는 일당을 받았던 것은, 근로기준법이 없어서가 아니라 근로기준법이 지켜지지 않았기 때문이다. 당시 근로기준법은 하루 8시간 근무, 일주일에 하루는 휴일, 모든 노동자에게 건강검진 제공을 규정했다. 사업주도 정부도 이를 무시한 채 게으름을 죄악시하며 잘 먹고 잘 살기에 몰두한 결과 수많은 젊은이들이 절단기에 손가락이 잘리고 폐병에 걸려 죽어갔다.

엄혹했던 시절을 살아내며 법치주의의 의미와 중요성을 뼈저리게 느낀 시민들은 '법대로' 살아갈 수 있기를 간절히 바라며 법의 신성함과 완결성을 믿어 의심치 않았다. 아무리 억울하고 괴로워도 '법이 그렇다' 한마디면 그런 줄 알았다. 실은 법은 신성하지도, 완전하지도 않다. 법을 만들고 적용하는 것도 결국 사람이 하는 일이기 때문이다.

"권리의 행사와 의무의 이행은 신의에 좇아 성실히 해야 한다." 민법 제2조는 신의성실의 원칙(이하 '신의칙')을 규정한다. 물리학에서 '만유인력의 법칙'이나 '관성의 법칙'과 같이, 신의칙은 민법뿐만 아니라 모든 법률에서 대원칙으로 삼고 있는 중요한 원리다. 신의칙은 법률관계의 당사자가 상대방의 이익을 배려해 형평에 어긋나거나 신뢰를 저버리는 내용 또는 방법으로 권리를 행사하거나 의무를 이행해서는 안 된다는 규범이다. 단순하게 정리하면 사회정의에 반하지 않는 범위에서 상식적으로 행동해야 한다는 것이다. 얼핏 선언적 의미만 있는 추상적이고 모호한 조항으로 보이지만, 실제 사안에서는 핵심적인 원리로 작용한다. 몇 년 전 밀린 임금을 요구한 종업원에게 식당 주인이 동전으로 임금을 지급한 사건이 있었다. 대부분 10원짜리 동전으로 동전 묶음까지 모두 뜯어 자루에 담아 지급했다. 이때 종업원이 제대로 된 임금을 지급하지 않았다고 주장할 경우, 식당 주인은 동전도 돈이니 임금을 지급했다고 주장할 수 있다. 더 놀라운 것은 이 같은 동전 임금 사건이 한두 건이 아니라는 사실이다. 동전 임금 지급 사건의 사업주들은 대부분 직원의 불성실한 근무 태도 등을 이유로 화가 나서 한 행위라고 주장하므로 정확한 판단은 양측의 주장을 모두 살펴보아야 하지만, 상식에 반하는 이런 상황에서 주장할 수 있는 법리가 신의칙이다.

신의칙은 법률로 정해진 사항이 아닌 경우에 보충적으로 법관의 재량에 따라 적용된다. 물론 법관이 일반적 보편적 이성을 가졌다는 전제가 필요하다. 법관의 상식은 결국 사회의 상식으로 발전될 수 있다는 점에서 일반인의 상식보다 훨씬 더 무겁다. 최근 문제가 된 전직 대법관의 특이한 사고방식으로 인해 얼마나 많은 사람들이 눈물 흘리고 고통받았는지 돌아보면 알 수 있다. 그의 사고방식으로는 근로기준법에 어긋나는 임금을 지급한 회사에 대해 제대로 임금을 지급하라고 요구하는 것은 사업주에 대한 신뢰를 저버리는 행동으로 도저히 용인될 수 없으며, 열차의 여승무원은 열차 내부에서 위험한 상황이 발생해도 승객을 안전하게 대피시키는 업무를 하지 않는 단순 안내원이라서 철도공사 직원이 아니다. 그의 과거 판결들을 보면 이런 발상이 이상할 것도 없다. 그는 과거에 간첩 조작 사건을 가장 많이 담당했던 판사 중 한 명으로, 비료가격을 확인하고 시외버스 시간표를 소지한 것을 간첩행위로 인정한 적도 있다.

인간사에 발생하는 모든 일을 미리 법으로 규정할 수 없으므로 합리적으로 법률을 해석하고 적용하는 것은 매우 중요하다. 개정 전 저작권법 제29조 제1항은 "영리를 목적으로 하지 않고 청중으로부터 대가를 받지 않는 경우에는 판매용 음반이나 영상저작물을 재생해 공연할 수 있다"고 규정했다. 저작권법에서 말하는 공연은 라이브 연주와 같은 생실연(라이브 공연)과 녹음, 녹화물을 재생하는 것을 포함한다. 따라서 특정한 장소에서 공중에게 CD를 재생하는 것도 공연에 해당할 수 있다. 그러나 제29조에 의하면 영리를 목적으로 하지 않고 대가를 받지 않을 경우에는 저작권자의 허락 없이 판매용 CD를 재생할 수 있다. 문제는 스타벅스Starbucks 매장에서 자체 제작한 CD를 이용한 것에서 시작됐다. 스타벅스 본사는 매장 음악 전문회사와 계약을 통해 스타벅스 매장 음악 전용 CD를 제작했고 이 CD를 스타벅스 한국지사에서 구매해 국내 스타벅스 매장에서 재생했다. CD는 장당 약 4만 원 정도로 매장당 한 달에 한 장을 구매했고 전용 플레이어를 통해서만 재생할 수 있도록 암호화되어 계약 기간이 만료되면 재생되지 않았다. 한국음악저작권협회는 권리자인 협회의 승인 없이 음악을 재생했다며 침해 소송을 제기했다(저작자인 작사, 작곡가가 협회에 가입해 저작권을 신탁했으므로 저작권자는 협회다). 이에 대해 스타벅스는 손님들로부터 음악에 대한 대가를 받지 않았고 판매용 음반을 재생했으므로 저작권법 제29조에 해당하는 정당한 이용이라고 주장했다. 이에 법원은 스타벅스에서 사용한 CD가 판매용 음반인지 여부에 대해 기나긴 논의를 시작했다.

1심 법원은 제29조가 판매용 음반을 시판용 음반으로 규정하고 있지 않으며 판매용 음반을 시판용으로 제한할 특별한 이유를 발견할 수 없는 점 등을 종합해, '판매'는 대가를 받고 양도하는 것을 말하고 이 사건 CD와 같이 특정다수인에게 양도될 목적으로 제작된 음반 역시 판매용 음반에 해당한다고 판단했다. 그러나 2심 법원은 이 사건 CD는 시중에 판매하기 위해 제작된 것이 아니며 이 CD가 암호화되어 전용 플레이어에서만 재생되고 계약 기간이 지나면 CD를 폐기하거나 반환하는 점 등은 매장 음악의 서비스 제공 방법에 불과하므로 만약 이 음원을 인터넷을 통해 전송할 경우에는 저작권법상 저작권 제한 사유에 해당하지 않게 되는 점을 비추어 이 사건 CD는 판매용 음반에 해당하지 않는다고 판단했다. 판매용 음반에 대한 최종적인 해석은 대법원에 맡겨졌다. 대법원은 "제29조가 아무 보상 없이 저작권자의 공연권을 제한하는 근본적인 이유는 판매용 음반이 재생되면 해당 음악이 널리 알려져 판매량이 증가하게 됨으로써 저작권자에게 간접적인 이익을 가져올 것이라는 점이 고려됐을 것이므로, 판매용 음반을 시중에서 판매할 목적으로 제작된 음반을 의미한다고 제한해 해석하는 것이 타당하다"고 판시했다. 결과적으로 이 사건 CD는 제29조에서 정하는 판매용 음반에 해당하지 않으므로 스타벅스는 과거 10년간 월 2만 원의 음원사용료 총 2억 4천만 원을 배상하게 됐다. 이 사건 이후 레스토랑 같은 유사 업종에서의 음악저작권 사용료에 대한 문제가 제기됐다. 또 2013년에는 한국음반산업협회와 음악실연자협회가 온라인 스트리밍 서비스를 이용해 매장에서 음악을 재생한 현대백화점에 대해 공연보상금을 지급하라며 소송을 제기했다. 대법원은 스트리밍도 법적인 의미의 음반에 해당하고 형태에 관계없이 연주자와 음반 제작자에게 손해가 발생할 경우 보상금을 지급해야 한다며 현대백화점의 손해배상책임을 인정했다.

누군가는 1심 법원의 판단이 옳다고 생각하고 누군가는 2심 법원의 판단이 합리적이라고 생각할 수 있다. 각자의 판단은 다를 수 있지만 사회가 법원의 최종 판단을 존중하는 이유는 사회적 약속일 뿐만 아니라 법원이 신의에 따라 성실하게 내린 판단일 것이라는 믿음을 바탕으로 한다. 이런 믿음을 전제로 법은 법관에게 '재량'이라는 힘을 부여한다.

현재 제29조의 '판매용 음반'은 '상업용 음반'으로 개정됐고 2018년 8월부터 매장 면적 50제곱미터(약 15평) 이하의 소규모 영업장을 제외한 호프집, 헬스장, 카페 등 일부 업종의 매장에서 음악을 재생할 경우 공연권 사용료를 지급해야 한다. 직접 구매한 CD를 이용하거나 음원 사이트에서 사용료를 지급하며 음악을 재생하는 경우에도 추가로 공연권 사용료를 납부해야 한다. 면적에 따라, 업종에 따라 최저 4천 원부터 최대 2만 원까지 부과되는데 헬스장 같은 체력단련장은 주점 및 음료전문점에 비해 더 많은 공연권 사용료를 내야 한다. 면적이 넓다고 이익이 높은 것은 아닌데 면적에 따라 차등 지급하는 것은 부당하다, 카페보다 헬스장에서 더 많은 사용료를 내야 하는 기준이 모호하다 등의 비판과 세계 주요 국가들은 평균 2만 1천 원의 공연권 사용료를 징수하며 대기업 프랜차이즈 매장이라도 면적

50~100제곱미터 미만의 매장이 매월 2천 원을 지급하는 것은 합리적이지 않다는 등의 주장이 맞서고 있다. 보호 기간이 만료된 클래식을 틀거나 라디오를 틀 경우 공연권 사용료를 지급하지 않아도 된다는 정보가 빠르게 번지는 반면 기왕 비용을 지급해야 한다면 적극적인 음악 마케팅을 통해 매출을 신장시키겠다는 업체들이 늘어나면서 매장 음악 큐레이션 서비스 업체들도 등장하고 있다. 무엇이 정답인지 알 수 없지만 명확한 것은 수많은 결정이 필요하고 그 결정은 결국 사람이 한다는 점이다.

한 시사 프로그램에서 간첩 조작 사건의 피해자에게 당시 자신에게 유죄를 인정한 판사를 만나면 어떤 말을 하고 싶은지 물었더니, 그래도 대법관이나 하신 분께 험한 말은 할 수 없고 "당신 대단한 실수 했소"라고 한마디 하고 싶다고 했다. 자신의 인생을 망가뜨렸다 할지라도 법관이라는 그의 지위를 끝까지 존중하는 보통 사람의 모습에 숙연하지 않을 수 없다. 법관에게 언제나 한 치의 오차도 없는 공명정대한 판단을 기대할 수 있을까. 법관도 인간일 뿐인데 인간에게 실수를 하지 말라고 요구하는 것은 지나치다 할지 모르지만, 그들이 '대단한 실수'를 하지 않을 보통인의 상식을 갖췄을 것이라는 사회적 믿음에 부응해야 한다는 점은 분명하다. 미국에서는 대법관을 'Justice(정의)'라고 부른다. '내가 곧 정의다'라는 의미라기보다 그들을 정의의 수호자라고 여겨서일 것이다. 사회는 법관만이 아니라 법을 만들고 집행하고 판단하는 모든 자에게 정의롭기를 기대한다. 정의가 별거인가. 대다수가 납득할 수 있는 상식적인 결과. 그것이 정의가 아닐까.

10. 창작과 노동의 관계

창작자원칙과 업무상저작물

지인을 통해 한 영화감독으로부터 저작권 상담을 요청받은 적이 있다. 상담 내용은 당시 촬영하고 있는 영화와 관련해 발생한 다양한 권리 관계의 정리였다. 상담자는 그동안 실무 중에 느낀 부당함을 조목조목 나열했다. 성실하게 '법대로 하자면' 어떤 결론이 나오는지에 대해 법률의 취지와 의미 등을 장시간에 걸쳐 열심히 설명했으나, 대화를 하면 할수록 상담자는 법체계에 큰 불만을 토로했다. 사실 상담을 하다 보면 권리자와 이용자 모두 현 제도에 만족하는 경우는 대체로 드물다. 당시 상담자가 가장 놀라워했던 원칙은 '창작자원칙'이었다.

우리나라 저작권법은 실제 창작행위를 한 자를 저작자로 인정하는 창작자원칙을 따른다. 실제 창작행위를 하지 않은 자는 창작자로부터 저작권을 양도받아 '저작권자'가 될 수 있지만 '저작자'는 아니다. 법인은 실제 창작행위를 할 수 없으므로 저작자가 될 수 없다. 너무 당연한 소리 같지만 여기에도 문제가 발생할 수 있다.

상담자는 본인이 작성한 시나리오로 본인이 직접 영화를 제작하고 있으며 영화 제작을 위한 유한회사를 설립해 포스터뿐만 아니라 각종 관련 상품을 제작했는데, 포스터와 상품에 사용한 로고와 디자인에 대해 당연히 자신이 저작자라는 점을 전제로 질문을 했다. "디자인을 본인이 했냐"는 질문에 상담자는 "외주 디자이너가 했지만 내 의견을 바탕으로 제작했고 내가 최종본을 결정했으므로 당연히 내 저작물"이라고 답했다. 저작권법상 실제 창작행위를 한 자만이 저작자로 인정되며 단순 조언이나 자료 제공, 창작의 동기 부여 등을 제공한 보조자는 저작자로 인정받지 못한다고 설명했더니 굉장히 황당해하며 "그렇다면 내가 고용한 디자이너가 해당 디자인의 저작권을 가지는 것이냐"고 흥분했던 기억이 난다. 만약 고용주의 입장이라면 여기까지 읽고 너무 억울해할 필요는 없다. 창작자원칙에도 예외가 있다.

창작자가 저작자이기 때문에 직접 디자인을 한 디자이너가 저작자라는 사실은 변하지 않지만, 이런 경우 업무상 저작물 규정을 검토할 수 있다. 저작권법 제9조는 "법인 등의 명의로 공표되는 업무상저작물의 저작자는 계약 또는 근무규칙 등에 다른 정함이 없는 때에는 그 법인 등이 된다"고 규정한다. 대표적으로 신문 기사의 저작권을 기자가 아닌 신문사가 가지는 경우를 들 수 있다. 따라서 상담자가 고용한 디자이너가 상담자의 지시에 의해 디자인한 포스터와 상품 등을 영화제작사 명의로 공표해 판매할 경우 법인을 저작권자로 볼 수 있다.

업무상저작물 규정은 창작자원칙의 예외이므로 요건을 갖추었을 때만 인정된다. 업무상저작물로 인정받기 위해서는 법인 등의 사용자가 일정한 의도를 가지고 해당 저작물의 작성을 구상해야 하며 업무 종사자에게 그 제작을 명해야 한다. 실제 사안에서는 '업무상'의 의미를 구체적으로 살펴볼 필요가 있는데, 예를 들어 기획사 대표가 공연 사업을 위해 프리랜서 작가와 계약해 작품을 만들어 공연하던 중 해당 작가가 다른 공연장에서도 같은 공연을 하고 있다는 사실을 알게 되자 업무상저작물을 이유로 해당 작품의 저작권은 자신에게 있다고 주장한 사례가 있다. 이때 업무상저작물로 기획사 대표에게 저작권을 인정하기 위해서는 '법인의 업무에 종사하는 자에 의해 창작된 저작물'이라는 요건을 충족해야 하는데, 이는 프리랜서 작가가 해당 기획사의 사무실에 출퇴근을 했거나 월급을 받았는지 등의 사정을 종합적으로 고려해 판단하게 된다. 프리랜서 작가의 경우 성격상 고용 관계로 인정되지 않는 경우가 상당히 많다. 신문의 칼럼이나 사설과 같이 신문사 소속 기자의 글이 아니라면, 해당 글의 저작권은 신문사가 아닌 글쓴이가 가지게 된다. 또한 "계약 또는 근무규칙 등에 다른 정함이 없는 때"에 한해 업무상저작물 조항이 적용된다는 점이 중요하다. 상담자와 디자이너 사이에 저작권을 창작자에게 귀속한다는 계약이나 근무 규칙이 존재한다면, 애당초 제9조는 적용되지 않는다. 업무상저작물로 인정되는 경우에도 법인 등을 창작자로 보는 것이 아니라 실제 창작자가 창작행위를 한 순간 저작권을 양도받는다고 보는 것이 일반적이다. 실제로 많은 법인들의 내규를 살펴보면 "직무상 저작물의 저작권은 회사에 귀속한다"고 규정하고 있다. 창작자원칙을 고려해 저작권이 '발생'하지 않고 '귀속'한다. 원칙은 깨기 어렵기 때문에 의미가 있다.

또 하나의 대표적인 예외 규정은 영상저작물에 관한 특례 조항이다. 영화는 다수의 권리관계가 복잡하게 얽혀 있는 저작물이다. 제작에 참여하는 권리자가 많아서다. 먼저 시나리오를 작성한 작가에게 저작권이 발생한다. 감독과 배우들은 저작물을 창작하지 않으므로 엄밀히 말해 저작권이 발생하지 않지만, 이들은 저작물을 대중에게 전달하기 위해 중요한 역할을 하기에 보호받을 필요가 있다는 취지에서 저작권과 유사한 권리인 '저작인접권'이 부여된다. 작가, 감독, 배우와 같이 기본적으로 떠올릴 수 있는 권리자뿐만 아니라 음악감독, 촬영감독, 미술감독, 의상제작자, 편집자 등 다수의 전문가가 제작에 참여하고, 원작이 있는 영화라면 시나리오 작가 외에도 원작자가 존재할 수 있다. 이처럼 영상저작물의 권리 관계가 매우 복잡해서 저작권법은 영상저작물에 관한 특례조항을 따로 규정했다.

저작권법 제100조 제1항은 "영상제작자와 영상저작물의 제작에 협력할 것을 약정한 자가 그 영상저작물에 대해 저작권을 취득한 경우 특약이 없는 한 그 영상저작물의 이용을 위해 필요한 권리는 영상제작자가 이를 양도받은 것으로 추정한다"고 규정한다. 저작권법 제2조 제14호는 영상제작자를 "영상저작물의 제작에 있어 그 전체를 기획하고 책임을 지는 자"라고 규정하고 있다. 이때 기획이란 자신의 결정에 의해 영상저작물을 제작하는 것을, 책임이란 자신이 경제적 수입, 지출의 주체로서 부담을 지는 것을 말한다. 영상제작자는 영화 흥행의 성패에 대한 위험을 감수하고 많은 투자를 하기 때문에 영상제작자의 지위를 어느 정도 인정할 필요가 있다. 또한 영상저작물의 원활한 유통을 위해 제작과 관련된 수많은 창작자들의 권리관계를 정리해야 하기에 이러한 규정이 존재한다.

영상제작자라도 무소불위의 권리를 행사할 수 없다. 제100조 제1항을 자세히 살펴보면, 영상제작자는 "영상저작물의 이용을 위해 필요한 권리"를 양도받은 것으로 추정한다. 영상저작물 이용에 필요한 권리가 아닐 경우 양도받았다고 추정되지 않는다. 예를 들어 영화감독이 영화 속 장면을 캡처해 남녀 주인공의 사진집을 발행하는 경우 영상저작물 이용에 필요한 행위로 볼 수 없다. 또한 "특약이 없는 한", 이 조항이 적용되기 때문에 특약이 있다면 추정 조항이 적용되지 않는다. 제100조는 제9조 업무상저작물 조항이 적용되지 않을 경우에 한해 적용된다는 해석이 일반적이다. 복잡해 보이지만 순서를 적어보면 당사자 간의 계약이 최우선적으로 적용되고 제9조 업무상저작물 조항을 적용하는데, 영상저작물은 제9조의 적용도 불가할 경우 제100조까지 살펴볼 필요가 있다.

원칙과 예외와 예외의 예외.

저작권법은 창작자와 이용자가 어우려져 문화가 발전하도록 존재하는 법이다. 이것이 원칙과 함께 예외를 규정하고 있는 이유며 예외는 엄격하게 적용돼야 한다. 저작권은 창작의 대가로 부여되는 힘이므로 창작하지 않은 자에게 창작의 대가를 부여하기 위해서는 합당한 이유와 엄격한 요건이 요구된다. 창작자원칙의 대전제에서 벗어나 업무상저작물이라는 예외를 인정하는 이유는 투자에 대한 대가를 보장하기 위함만은 아니다. 예외적인 권리를 취득함에 따라 그 결과에 책임지고 제공받는 혜택을 통해 사회에 더 큰 기여를 하도록 함일 것이다. 받은 만큼 돌려주는 것이 상도다.

11. 그때는 틀리고 지금은 맞는 「아침이슬」

저작권과 국가보안법

아마도 현재 20대 이하의 다수는 양희은의 노래 「아침이슬」을 모르거나 그저 유명한 원로 가수의 대표곡 중 하나로 알 것이다. 「아침이슬」은 1970년 김민기가 발표한 곡이지만 정작 본인은 그다지 마음에 들어 하지 않았고 이후 양희은이 음반으로 발표해 큰 인기를 끌었다. 「아침이슬」은 1973년 정부가 선정한 '건전가요' 중 한 곡이었다. 당시 문화예술정책을 연구한 논문에 따르면 당시 대통령은 문화예술을 조국근대화를 위한 수단으로 동원했고 국민가요, 건전가요 등을 선정해 전 국민을 '떼창'시켰다. 선정된 곡들을 보급하기 위해 정부 기구를 통한 애향가경연대회, 전국새마을국민

예술제, 건전가요합창대회 등 각종 대회를 개최했으며 음악 생산과 보급 과정을 통제하기 위해 관련법을 수시로 개정했다. 일제가 우리나라 사람들을 전쟁에 동원하기 위해 실시한 '국민개창운동'이 떠오른다. 당시 일제는 '애국가요' 511곡을 선정해 학교, 공장, 행사 등에서 제창하게 했다. 그는 대통령 취임사에서 문화 한국의 중흥에 각별한 관심과 지원을 다하겠다는 문화정책의 방향을 발표했다. 이후 다양한 관련 기관을 만들고 국책 사업으로 여러 작품을 제작했으며 예술 검열 제도를 정착시켰다. 세월이 지나 그 자리를 대신한 딸이 창조경제에 집착하며 블랙리스트를 작성한 것 또한 자연스럽게 연상된다.

건전가요로 권장됐던「아침이슬」은 2년 뒤 1975년 금지곡이 됐다. 김추자의「거짓말이야」가 사회 불신풍조 조장을 이유로 금지곡이 됐듯이, 함께 금지된 2천여 곡에는 그나마 금지 사유라도 있었으나「아침이슬」은 금지 사유조차 없었다. 이 곡을 만든 김민기는 당시 보안대에 끌려가 가사 '긴 밤 지새우고'의 '긴 밤'은 유신을 의미하고 '붉게 타오르는 태양'은 '민족의 태양 김일성'을 말하는 것 아니냐는 수사관의 추궁에 자신이 곡을 만든 것은 1971년이고 유신은 1972년에 선포됐다는 사실을 설명해야 했다.

영구 독재를 꿈꾸던 박정희가 총에 맞아 쓰러지자 군사

반란을 일으키고 체육관에서 간선제를 통해 스스로 대통령에 취임한 '연희동 29만 원 할아버지'의 시대에는 법치주의가 한층 진일보했다. 1982년 여름, 당시 노동 현장에서는 대중가요의 가사를 바꿔서 부르는 '노가바('노래 가사 바꿔 부르기'의 줄임말)'가 유행했다. 그때 '민중의 벗'으로 불리던 허병섭 목사가 『노동과 노래』라는 노가바 소책자 100부를 인쇄해 70여 부를 연구소 회원 및 목사들에게 연구 자료로 배부하자 경찰이 허 목사를 저작권법 위반으로 입건한 사건이 있었다. 당시 정부는 저작권 침해를 국가안전과 연결되는 중요한 사건으로 생각했는지 허 목사를 국가안전기획부(안기부)에 연행하고 서울지검 공안부 검사가 저작권 사건을 담당했다. 허 목사는 1심에서 징역 8월에 집행유예 2년을 선고받았으나 1988년 항소심에서 무죄를 받았다. 그러나 3년을 기다리게 한 대법원이 사건을 파기환송했고 결론은 유죄였다. 대법원은 "허 목사의 행위를 저작권 침해에 해당하지 않는 사적이용으로 볼 수 없고, 침해의 고의가 없었다는 허 목사의 주장에 대해 저작권 침해에 대한 인식 여부는 침해 인정에 영향을 미치지 아니하며, 다만 연구의 목적으로 출판했다는 점을 양형에 참작할 수 있다"고 설명했다.

  2017년 12월 법무부 장관은 신학철 화백의 「모내기」 작품을 국립현대미술관에 위탁해 보관하는 등 처분 방안을 검토하겠다고 발표했다. 법무부 장관이 그림의 처분에 관해 브리핑을 하자 해당 작가와 작품에 대해 이목이 집중됐다. 신학철은 1987년 유화 「모내기」를 제작해 민족미술협회가 주최한 전시 '통일전'에 출품했고, 한 재야단체에서 1989년 「모내기」를 삽입한 부채를 제작했다. 이 재야단체가 조사를 받으면서 신학철도 국가보안법 위반 혐의로 연행되어 1, 2심에서 무죄 판결을 받았지만, 대법원에서 국가보안법상 이적표현물로 인정되어 징역 10월의 선고유예형과 함께 작품이 몰수됐다. 「모내기」 작품의 소유권은 국가에 귀속됐고 2001년 서울중앙지검은 이 작품을 사회적 이목을 끈 중대한 사건의 증거물로서 영구 보존하기로 결정했다. 작품이 압수물 보관창고에서 오랜 기간 꼬깃꼬깃 접힌 상태로 박스에 보관되는 동안 물감이 떨어져 나가는 등 훼손이 진행됐고,[9] 신학철과 문화예술계뿐만 아니라 유엔인권이사회가 정부에 작품 반환을 권고했다. 「모내기」 작품에 대한 사회적 관심과 논란이 계속되자 일단 국립현대미술관에 보관을 위탁해 훼손을 막기로 했지만 현행법상 몰수된 물품을 반환할 방법은 없다.

9 작가에 따르면 작품을 둘둘 말아달라고 부탁했으나 받아들여지지 않았다고 한다.

국가보안법상 이적표현물이란 반국가단체나 그 구성원, 또는 그 지령을 받은 자의 활동을 찬양·고무·선전하기 위해, 또는 국가변란을 선전·선동하거나 이를 위한 이적단체를 구성하기 위해 또는 이적단체 구성원으로서, 사회질서의 혼란을 조성할 목적으로 제작된 문서나 그림 등을 말한다. 법원에 따르면 작품이 표현하는 사상이나 이념이 구 국가보안법에 위반되는 이적성이 있는지 판단할 경우에는 시대상황에 있어서 사회일반인이 갖는 건전한 상식과 보편적인 정서에 기초해 작품을 해석해야 한다. 미술품이 실정법 위반인지 여부를 판단할 때는 획일적·일의적으로 해석하지 않도록 매우 신중하고 섬세해야 하며, 회화의 이적성 여부를 판단할 때는 어떤 특정 부분을 전체 그림에서 분리해 독립적으로 해석해 그것이 이적성을 띠는지의 여부를 판단해서는 안 된다. 각개의 구성 부분은 주제의식을 드러내기 위해 작품 전체의 구성과 관련해 어떠한 역할을 하는가 하는 관점에서 해석돼야 하고, 헌법에서 예술의 자유를 보장하고 있으므로 국가안전보장, 질서유지, 공공복리 등을 위해 이를 제한하는 경우에도 최소한의 규제에 그쳐야 한다.

「모내기」는 백두산 천지를 배경으로 상단에 농민들이 잔치를 하는 모습과 하단에 모내기를 하는 농부가 탱크와 코카콜라, E.T, 레이건 당시 미국 대통령, 전두환, 나카소네 야

스히로中曾根康弘 당시 일본 수상 등의 형태로 표현된 쓰레기를 쟁기로 밀어내는 모습으로 구성된 유화다. 작가에 의하면 「모내기」는 통일에 장애가 되는 요소인 외세와 저질 외래문화를 배척하고 우리 사회를 민주화해 자주적·평화적 통일로 나가야 한다는 조국통일에의 의지 및 염원을 그려냈다고 한다. 작품의 상반부는 통일이 주는 기쁨과 통일 후의 평화로운 모습을 이상향으로 묘사했고, 하반부의 탱크, 미사일 등 무기를 써레질하는 모양은 비인간적이고 평화와는 상치되는 무기의 배제를 상징적으로 나타내어 평화통일을 이루어야 함을 표현한 것이라고 한다. 1, 2심 법원은 이를 인정했다.

대법원은 "작가가 활동한 민족미술협의회가 추구하는 민중미술은 순수미술이 아니라 민중들의 통일의지를 심어주고 민중의 민족해방의지를 구체화한 작품을 창작하는 데 그 목적을 두고 있다는 사실과, 당시 소위 운동권에서 주체사상이 널리 확산되면서 북한의 주장을 좇은 남한혁명이론으로서의 민족해방 민중민주주의혁명론NLPDR이 득세했으며 통일에 관해 북한과의 연방제 통일을 주장하는 이론이 주장되기 시작했던 사실을 인정할 수 있다"고 설명한 뒤 작품을 해석했다. 대법원은 "그림 상반부는 북한을 그린 것으로서 통일에 저해되는 요소가 전혀 없이 전체적으로 평화

롭고 풍요로운 광경으로 그림으로써 결과적으로 북한을 찬양하는 내용으로 되어 있고, 하반부는 남한을 그린 것으로서 미·일 제국주의와 독재권력, 매판 자본 등 통일에 저해되는 세력들이 가득하며 농민으로 상징되는 민중 등 피지배계급이 이들을 강제로 써레질하듯이 몰아내면 38선을 삽으로 걷듯이 자연스럽게 통일이 된다는 내용을 그린 것이라 할 것이므로, 결국 피지배계급이 파쇼독재정권과 매판자본가 등 지배계급을 타도하는 민중민주주의 혁명을 일으켜 연방제통일을 실현한다는 북한 공산집단의 주장과 궤를 같이하는 것으로 여겨질 뿐만 아니라, 앞에서 본 제작 동기, 표현 행위 당시의 정황 등 제반 사정을 종합해보면, 위 그림은 반국가단체인 북한 공산집단의 활동에 동조하는 적극적이고 공격적인 표현물로서 구 국가보안법 제7조 제5항 소정의 이적표현물에 해당한다고 봄이 상당하다"고 판시했다. 작품의 내적 의미를 이해하기 위한 대법원의 신중하고 섬세한 노력이 느껴지는 듯하다.

1987년 6월 항쟁 이후 국내가요 금지곡 중 월북 작가의 작품을 제외하고 재심을 거쳐 「아침이슬」을 포함한 186곡이 해금됐다. 「아침이슬」은 유신을 말하지도, 민주주의를 말하지도 않는다. 권력을 지키고 싶어 하던 자들에게는 시민을 선동하는 불온한 노래였지만, 일부 데모꾼들은 「아침이슬」을 '껄렁대는 자유주의 감수성의 표현'으로 치부하기도 했다.[10] 예술에 대한 판단은 받아들이는 사람들의 선택에 맡겨야 한다. 1980년대를 지나면서 수많은 시민들이 역사의 현장에서 「아침이슬」을 부르게 된 것은, 양희은의 말처럼 「아침이슬」이 시민에게 선택됐을 뿐이다. 2017년 이화여대에서 소녀시대의 「다시 만난 세계」가 불렸던 것처럼.

---

[10] 『동백아가씨는 어디로 갔을까』, 이영미 저, 인물사상사, 2017.

12. 물아일체 시대의 저작권

인공지능의 창작물

이세돌과 알파고Alphago의 대결 이전부터 전 세계적으로 인공지능은 뜨거운 이슈였다. 미래에 인공지능이 인간을 대체할 것이라는 전망이 쏟아져 나오면서 인공지능이 대체할 직업과 대체하지 못할 직업 명단이 화제가 됐고 많은 사람들이 불안 초조에 시달리기도 했다.[11] 당시 인공지능 대체 가능성이 낮다고 발표된 직업 명단의 상위권은 대부분 예술 관련 직업들이었다. 전문가들은 화가, 조각가, 사진가, 작가, 작곡가, 무용가, 가수, 배우 등 인간의 감성이 필요한 직

---

11 예측은 예측일 뿐, 비행기 조종사를 어느 매체에서는 가장 대체가 빠르게 이루어질 직업으로 꼽은 반면, 대체가 어려운 직업으로 꼽은 매체도 있다.

업은 인공지능이 대체하지 못할 것이라고 예측했다.

그러나 이미 인공지능이 만든 음악이 나왔고 인공지능이 쓴 시나리오로 제작된 영화도 있으며, 일본에서는 인공지능이 작성한 소설이 문학상 공모전 본선까지 진출했다. 재즈 음악을 작곡하는 '딥 재즈Deep Jazz', 피아노곡을 발표한 구글의 '마젠타Magenta', 진짜보다 더 진짜 같은 렘브란트 그림을 그리는 로봇 '더 넥스트 렘브란트The Next Rembrandt'가 등장하더니 2016년 5월에는 세계 최초의 '로봇 아트 콘테스트Robot Art Contest'가 열렸다. 구글에서 제작한 그림 그리는 인공지능 로봇 '딥 드림Deep Dream'은 전시회를 통해 9만 7600달러(약 1억 2천만 원)를 벌었으며 작품 29점이 경매에서 최고 9천 달러(약 1천만 원)에 팔렸다.

인공지능이 할 수 없는 것, 다시 말하면 인간만이 가지는 능력은 무엇인가에 대해 수많은 전문가들이 '창의성'이라고 말한다. 과거의 일자리들이 인공지능으로 대체되는 미래에 인간은 더욱 창의적인 일에 몰두해야 한다고 조언한다. 인공지능이 비약적으로 발전할 수 있었던 이유는 딥 러닝Deep Learning 덕분이다. 경험을 통해 작업의 성능을 향상시키는 머신 러닝Machine Learning과 달리, 딥 러닝은 수많은 데이터를 학습해 스스로 패턴을 추론하는 기술이다. 이태억 카이스트 교수는 알파고가 바둑 고수들의 기보를 검색Search해

가장 높은 확률의 대응법을 찾는 것을 '커닝Cunning'이라고 표현한다. 인공지능은 엄청나게 빠른 속도로 커닝을 잘하기에 인간은 인공지능이 커닝을 할 수 없는 주제와 소재를 찾아야 한다는 것이다. 인공지능이 커닝을 할 수 없는 것은 다시 말하면 데이터가 존재하지 않는 새로운 것을 의미한다. 이는 인공지능이 새로운 질문을 만들어낼 수 없다는 전제하에 가능하지만, 구글의 엔지니어링 이사인 레이 커즈와일Ray Kurzweil은 인공지능이 인간의 지적 능력을 넘어서는 시점인 '싱귤래리티Singularity'가 2045년에 올 것이라고 예측했다.

저작권에 있어서 창작성 요건은 매우 낮은 기준을 충족하면 된다. 언뜻 저작권을 인정받기 위한 요건으로 창작성을 가장 중요하고 까다로운 기준으로 떠올리겠지만, 타인의 저작물을 베끼지 않았다는 최소한의 창작성만 충족되면 저작물로 인정된다. 물론 저작자의 독자적인 사상 또는 감정이 표현돼야 저작물로 인정되지만, 저작자 '나름의 개성'이 표현되면 충족된다. 이처럼 창작성에 대한 관대함은 표현의 자유를 충분히 보장하는 결과를 가져온다.

나름의 개성이 구체적으로 어떤 것인지는 판례를 통해 알 수 있다. 대한민국에서 대학을 졸업하거나 취업하기 위해 응시하지 않을 수 없는 영어능력시험 덕분에 시험 문제가 저작물로 보호될 수 있다는 사실은 잘 알려져 있다. 시험장에서 시험 시작 전 30여 분 이상 "시험 문제는 저작물이고 이를 부당하게 이용할 경우 처벌된다"는 안내가 반복된다. 세탁 기술에 대한 교재인 『세탁학기술개론』의 저작물성을 인정한 판례도 있다. 이 책의 저자가 자신의 책을 모방했다며 다른 세탁학 기술 교재의 저자에 대해 저작권 침해를 주장한 사건이 있었다. 이 사건에서 대법원은 저작물로 성립하기 위한 창작성에 대해 "저작물에 그 저작자 나름대로의 정신적 노력의 소산으로서의 특성이 부여되어 있고 다른 저작자의 기존 작품과 구별할 수 있을 정도면 충분하다"고 판시했다. 반면에 인터넷 뉴스 업체가 자사가 촬영한 연예인들의 비밀 데이트 사진을 텔레비전 방송으로 방영한 방송 제작자를 저작권 침해로 고소한 사건에서 법원은 "사진 촬영 목적이 열애 사실의 전달에 있고 사진 기술도 식별을 용이하게 할 목적으로 활용됐으며, 사진가의 개성을 표현할 작업을 할 여지가 없다"는 이유로 원고의 청구를 기각했다.

인공지능의 창작물이 저작물로 인정될 수 있을까. 최소한의 창작성이 인정된다면 저작물로 볼 수 있겠으나, 창작성 여부 이전에 인공지능의 법적 지위가 결정돼야 한다. 저작물은 인간의 사상 또는 감정의 표현물을 의미하기 때문이다. 인공지능의 창작물의 저작권을 인정한다면, 인공지능, 인공지능 개발자, 인공지능 개발 투자자, 인공지능의 소유권자, 인공지능의 지시·관리자 등 관련된 주체들 중 누구에게 저작권을 귀속시켜야 하는지 결정해야 한다. 이런 문제는 자율주행자동차의 사고 책임에 대해서도 유사하게 발생한다.

인공지능의 저작물에 저작권을 인정하지 않으면 무임승차 문제가 발생할 수 있다. 인공지능이 창작한 저작물을 인간이 자신이 창작한 저작물로 공표할 경우 창작 활동을 하지 않고도 저작권을 인정받는 셈이다. 또한 저작권이 있는 인간의 저작물보다 저작권이 없는 인공지능 저작물의 이용이 폭발적으로 증가해 인간의 창작 활동과 권익의 저하를 가져올 수 있다. 일부에서는 인간과 인공지능 창작물 간에 차이가 없고 인공지능의 창작물 또한 문화와 산업의 발전에 도움이 되므로 법적으로 보호해야 한다고 주장한다. 인공지능의 창작물을 누구나 이용 가능한 '공유 저작물Public Domain'로 귀속시켜야 한다는 의견도 있다.

인공지능과 저작권에 관한 논의는 아직 현재 진행형이다. 2017년 7월 전자적 인격체에게 법적 지위를 부여하는 '로봇기본법'이 발의됐고, 우리나라를 찾은 인공지능 로봇 소피아Sophia는 "로봇이 앞으로 자의식을 갖게 되면 법적 지위를 확보하게 될 것이며 로봇이 사고하고 이성을 갖출 경우 로봇기본법이 많이 활용될 것"이라고 인터뷰에서 말했다. 2017년 10월 소피아는 사우디아라비아 시민권을 발급받았다.

창조는 본래 신의 영역이었다고 한다. 그리스 신화에서는 프로메테우스가 신의 전유물이었던 불을 인간에게 전해준 이후 인간은 문명을 만들어냈다. 인간이 가진 유일한 신의 능력, 그것이 바로 창의력이라고 한다. 인간의 존재에 대한 근본적 개념마저 변하고 있는 시대에 인공지능의 저작물에 대한 논의가 허탈하게 느껴지는 것도 사실이다. 글로벌 기업의 컨설턴트 마츠모토 데츠조松本徹三는 "인간을 뛰어넘은 인공지능이 신이 되어 불완전한 인간을 지배하지 않으면 인류는 멸망할 것"이라고 했다. 인공지능이 프로메테우스의 불이 될 수 있을지 여부는 전적으로 인류의 선택에 달려 있다. 수많은 철학자와 선지자들은 수천 년 전부터 '너 자신을 알라'고 했다. 나를 알기도 전에 인간보다 인간을 더 잘 아는 존재가 나타났다. 인공지능보다 나 자신을 먼저 알아야 할 때가 아닐까.

13. 『구름빵』과 『해리포터』

출판 계약

'『구름빵』 작가 공갈빵 먹은 셈', '『구름빵』 작가는 왜 조앤 롤링Joan K. Rowling('해리 포터Harry Porter' 작가)이 될 수 없었나', '『구름빵』 작가 왜 여전히 가난할까'….

2004년 첫 출판 이후 국내에서만 50만 부 이상 팔린 동화책 『구름빵』 관련한 기사들의 제목이다. 『구름빵』은 8개 언어로 번역됐을 뿐 아니라 애니메이션, 뮤지컬, 문구, 생활용품 등으로 제작되면서, 공식적인 매출액은 아니지만 4400억 원 이상의 부가가치를 창출한 것으로 추정된다. 그런데 책의 저자인 백희나 작가의 수익이 약 850만 원이라는 사실이 알려지면서 출판계의 불공정계약에 대한 비난 여론이 거세졌다.

  당시 신인이었던 백희나 작가는 2차적저작물작성권을 포함한 저작재산권을 출판사에 양도하는 계약을 했고, 1만 부 판매 시 인세에 해당하는 850만 원을 받았다. 『구름빵』이 전집에 포함되어 관행적으로 이루어지던 '매절買切계약'을 한 것이다. 도서정가제 시행 전이라 출판사에서 자유롭게 할인가를 책정하기 위해 전집의 경우 특히 매절계약을 했다고 한다. 매절계약이란 출판사가 판매량과 관계없이 일정 금액을 작가에게 일시불로 지급하고 저작권을 양도받는 형태의 계약이다. 매절계약을 체결한 이후 작가와 출판사는 책의 판매량이 많든 적든 더 이상 수익을 분배할 필요가 없다. 문화체육관광부 '2017년 국민독서실태조사'에 의하면 한 해 동안 우리나라 성인 열 명 중 네 명은 책을 한 권도 읽지 않은 것으로 조사됐을 정도로 책 안 읽는 시대에 그림책 작가로서, 또한 매절계약에 대한 부당함이나 향후 발생할 수 있는 예외적인 상황에 대해 충분히 고려하지 않고 관행대로 했을 것으로 보인다. 신인 작가의 입장에서는 판매량에 따른 인세 계약보다 매절계약을 원할 수 있고, 출판사의 입장에서는 예상 판매량이나 할인율 책정 등 여러 요소를 계산해 '고위험에 따른 고수익'을 기대하며 매절계약을 할 수도 있다. 모든 출판사가 매절계약을 요구하는 것은 아니며 작가가 인세 계약과 매절계약 중 선택할 수 있다. 물론 작가가 실질적으로 매절계약을 '선택'할 수 있는 상황에서 작가와 출판사가 모두 만족할 만한 적정한 금액을 주고받는다는 것이 전제돼야 한다. 출판 계약 시 2차적저작물작성권까지 양도받는 관행 또한 바람직하지 않다. 요약하자면 매절계약 자체가 문제라기보다 '부당한 매절계약'이 문제라는 것이다.

유사한 문제가 2000년대 초반 음악 산업계에서도 발생했다. 당시에는 음반 판매량과 관계없이 음반제작사가 '곡비曲費'라고 불리는 일정 금액을 작곡가에게 지급하고 음반을 제작하는 것이 일반적이었다. 히트곡이 되어 음반이 100만 장 이상 팔려도 작곡가는 인센티브를 주장할 수 없었다. 한국음악저작권협회에서 정당한 저작권사용료의 징수 및 분배를 목적으로 인세제를 시행하며 곡비 지급을 금지하고 판매량에 따른 저작권사용료를 지급하도록 하자, 일부 신인 작가들은 오히려 인세제를 반대하기도 했다. 신인 작가의 경우 신인 가수나 판매량이 높지 않은 가수의 음반에 참여할 가능성이 높은데, 판매량에 따른 인세를 받을 경우 생계가 곤란해질 수 있기 때문이다. 우여곡절 끝에 현재 모든 음반은 인세제에 따라 제작, 판매되고 있으며 판매량이 부진할 가능성이 있는 신인 가수의 음반 등에 곡이 수록되는 작가에게는 음반제작사가 인세와 별도로 사용승인료 명목의 일정 금액을 지급하기도 한다. 음반의 판매량과 관계없이 작가에게 일정 수준 이상의 수익을 보장하는 방식이다.

저작권은 인센티브의 성격이 강한 권리다. 좋은 창작물이 세상에 많이 나올 수 있도록 작가에게 창작의 동기와 대가를 제공하는 것이다. 『구름빵』의 매출액이 예상보다 현저히 높았다면, 작가에게 이에 대한 정당한 인센티브를 제공했어야 옳다. 계약 조건을 이유로 계약의 일방 당사자에게 불공정한 결과를 무조건 받아들이라고 하는 것은 옳지 못하다. 법 또한 그렇게 정하고 있다. 민법 제104조는 "계약 당사자의 궁박, 경솔 또는 무경험으로 인해 현저하게 공정을 잃은 법률행위는 무효로 한다"고 규정하고 있다. 『구름빵』 사건이 이 조항에 해당해 무효인지는 별건으로 하더라도, 계약에 응했다는 사실이 그 계약의 정당성까지 확보한다는 의미는 아니다. 자발적으로 계약을 체결했더라도 계약 체결 이후 예상하지 못한 상황이 발생해 당사자 일방이 현저히 불리하게 됐다면 계약 조건을 수정하거나 개선하는 것이 상도덕이다. 물론 작가 또한 일방적으로 단순 변심 또는 사소한 이유로 파기하거나 부정할 수 없는 계약의 무게를 인지해야 한다. 독일, 프랑스, 헝가리, 폴란드, 스페인에서는 계약에서 합의한 보상금이 저작물 이용으로 발생한 이익에 비례하지 않을 경우 계약을 수정할 수 있도록 요구할 수 있는 '베스트셀러 조항Best-seller Clause'을 규정하고 있다.[12] 세부 규정은 각국의 사정에 따라 차이가 있지만, 공통적으로 계약의 효과가 형평에 어긋나지 않도록 안전장치를 마련한 것으로 보인다.

백희나 작가의 에이전트는 "작가가 원하는 것은 돈이 아니라 저작권"이라며 "잃어버린 자식을 돌려받고 싶은 것"이라고 인터뷰했다. 노동의 정당한 대가를 요구하는 것은 당연하다. 작가도 직업이며 생계를 위해 글을 쓰는 것은 부끄러운 일이 아니다. 굳이 돈을 받고 싶은 것이 아니라고 강조하지 않아도 괜찮다. 돈을 받으려면 저작권이 있어야 하고 저작권이 있다면 돈을 받을 수 있다. 돈이냐, 저작권이냐, 그것은 문제가 아니다. 매절 계약 자체가 적폐라고 볼 수도 없다. 다만, 계약의 효과가 일방에게 너무나 부당하지 않도록 경계하는 것이 필요하다. 『구름빵』 사태가 주목받은 이후 출판사가 작가에게 제안했다는 합의 조건은 더 일찍 이행됐어야 했다.

최근 백희나 작가의 『알사탕』이 한겨레가 추천하는 2017년 '올해의 그림책', 양주시가 선정한 '2018년 올해의 책',

---

12 2018년 3월 5일 국회의원 노웅래, 조배숙과 오픈넷이 주최한 '창작노동 보호를 위한 저작권법의 과제' 세미나의 발제자 남희섭의 발제문을 참고했다.

부천시가 선정한 '2018 부천의 책'으로 선정됐다. 앞으로도 백희나 작가가 돈을 많이 벌기를 바라며, 모든 작가들이 헝그리 정신을 강요당하지 않기를 진심으로 바란다.

다른 이야기를 덧붙이면, 2010년 발간된 백희나 작가의 『달샤베트』도 수난을 겪었다. 2011년 한 기획사에서 작가에게 '달샤베트'란 이름을 걸그룹명으로 사용할 수 있도록 허락해달라고 요청했는데, 순수한 동화책의 이미지가 손상될 것을 우려한 작가가 허락하지 않자 그 걸그룹은 '달샤벳'으로 데뷔했다. 기획사 측은 달콤한 샤베트의 준말인 '달샤벳 Dalshabet'은 달로 만든 샤베트인 '달샤베트'와 다른 단어라고 설명했다. '어이상실'이라는 말은 이럴 때 쓰는 것인가 싶다.[13]

---

13 한 기사에 따르면 백희나 작가의 '달샤베트'와 걸그룹 '달샤벳'이 다른 의미이므로 저작권 문제를 피해갈 수 있지만, 윤리적 도의적 차원에서 문제가 됐고 작가의 열악한 저작권 침해 문제가 있다고 설명했다. 또 다른 기사에서는 작가가 공연, 영화, 애니메이션의 특허권을 출원했다고 설명했다. 전문가가 아닌 이상 이 문제를 저작권 문제로 인식할 수는 있으나 특허권까지 거론된 것을 보고 넘어갈 수 없어 사족을 붙인다. 이 사건이 산업에서의 '발명'에 대한 권리인 특허권 문제가 아니라는 점은 당연하고, 앞서 설명했듯이 저삭권법은 책의 제목을 '거의' 보호하지 않는다. 이 문제는 상표권 문제며 작가도 상표권을 등록한 이후 사용중지 신청을 했다고 인터뷰했다. 저작권 문제가 아니니 피해갈 수도 없고, 윤리적 도의적 차원의 문제는 당연하며 법리적으로 상표권 침해 문제다.

14. 잘못 없는 비친고죄

저작권 침해의 처벌

"전 잘못한 게 없는데요."

영화 「한공주」에서 성폭행 피해자인 주인공이 세상의 냉대를 향해 던지는 말이다. 성범죄와 관련된 수많은 문제들이 함축적으로 담겨 있는 한마디가 아닌가 한다. 이 영화는 2004년 일어난 여중생 집단 성폭행 사건을 모티브로 만들어졌다. 실제 사건에서는 한 여중생을 1년여 동안 40여 명의 남학생들이 폭행, 강간한 것으로 알려졌다. 가해자들은 성폭행 장면을 휴대폰으로 촬영해 협박하고 성기구를 이용한 성고문과 금품 갈취가 이뤄졌을 뿐만 아니라, 피해자의 동생과 사촌동생까지 밀양으로 불러 금품을 갈취하고 폭행

하는 등 도저히 미성년자가 저질렀다고 보기 어려운 광기에 가까운 폭력을 가했다.

이 사건은 미성년자를 대상으로 미성년자들이 집단으로 저지른 끔찍한 사건으로 사회를 엄청난 충격에 빠뜨렸을 뿐만 아니라, 피해자에게 가해진 황당할 지경의 2차 피해와 믿을 수 없을 정도의 가벼운 처벌로 더더욱 공분을 샀다. 당시 피해자의 아버지가 피해자 몰래 가해자 부모로부터 합의금을 받은 후 탄원서를 써주고 합의해 대부분 고소가 취하됐으며, 40여 명 중 20명이 소년부에 송치되고 10명이 재판을 받았다. 재판을 받은 10명 또한 소년부에 송치되어 형사처벌을 받지 않아서 결과적으로 가해자 전원이 전과 기록이 남지 않았다. 이 사건이 영화나 드라마에서 재조명된 후 제보된 내용에 따르면, 가해자들은 현재 대부분 평범한 사회생활을 하고 있다고 한다.

이 사건에서 더욱 이해할 수 없었던 점은 경찰의 수사 과정에서 피해자에게 벌어진 일들이다. 피해자 측에서 여성 경찰에 의한 조사를 요청했으나 남성 경찰에게 조사를 받게 된 것은 물론,[14] 가해자인 남학생들을 공개된 사무실에 세워둔 채 피해자를 데려가 대면시키며 범행 일시와 장소

---

14 이에 대해 경찰은 "여경이 사건을 조사한다는 것은 수사 능력상 무리가 있어…"라며 하지 않은 것만 못한 해명을 했다.

별로 범인을 직접 지목하게 했다. 한 경찰은 피해자에게 "밀양에는 뭐 하러 갔냐", "남자 꼬시러 밀양으로 가느냐", "너희들이 밀양 물을 다 흐려놨다", "밀양을 이끌어갈 아이들이 다 잡혀 왔는데 어떻게 할 거냐" 등의 막말을 했고, 심지어 일부 경찰관들은 노래방에서 동석한 도우미들에게 피해자의 인적 사항을 누설했으며 급기야 경찰서 출입 기자들에게 피해자의 실명과 구체적 피해 사실이 기재된 보고용 문건이 유출됐다.

수사 과정이나 재판 과정에서 피해자가 겪을 수 있는 2차 피해에 대한 우려로 성범죄 사건은 세상에 드러나지 않는 경우가 많다. 피해자가 자신이 성범죄 피해자로 밝혀져 고통받느니 차라리 피해 사실을 숨기고 견디는 게 낫다고 여겨서다. 그래서 과거에는 성범죄에 대해 '친고죄'가 적용됐다. 친고죄란 범행의 피해자와 그 밖의 법률이 정한 자가 고소를 해야만 공소가 제기되어 그 결과에 따라 처벌이 가능한 범죄를 말한다. 사건이 알려진 경우에도 피해자가 고소를 하지 않으면 처벌이 불가능했다. 반대로 비친고죄는 피해자의 고소가 없어도 처벌할 수 있고 친고죄를 제외한 모든 범죄는 비친고죄다. 예를 들어 살인 사건은 비친고죄에 속해서 일단 사건이 발생하면 피해자가 고소하지 않아도 수사 및 처벌이 가능하다.

친고죄는 피해자의 명예를 보호할 필요가 있거나 피해법익이 극히 작아 공익에 직접적인 영향이 없는 범죄에 적용된다. 성범죄는 피해자에게 고소 여부를 결정할 수 있도록 해 피해자를 보호한다는 이유로 친고죄를 유지했으나, 친고죄로 인해 오히려 피해자가 고소에 대한 부담을 지고 가해자가 처벌을 피하는 부작용이 발생한다는 비판이 지속적으로 제기됐다. 영화 「한공주」의 모티브가 된 사건에서는 피해자가 어렵게 전학한 학교마다 가해자 부모들이 찾아와 합의를 해달라고 사정하는 바람에 피해자는 결국 학교마저 다닐 수 없게 됐다. 가해자의 합의 종용에 못 이겨 합의한 경우에는 돈을 노리고 고소했다는 누명을 쓰고 '꽃뱀'으로 몰리기도 한다. 무엇보다 피해자가 성범죄 피해를 부끄러운 일로 잘못 인식하고 숨겨, 가해자가 마음의 평온을 누리는 결과를 가져올 수 있다. 나아가 성범죄를 사회적 문제가 아닌 개인의 문제로 축소해 인식할 수 있다. 결국 사회적 논의 끝에 2013년 6월 19일부터 성범죄의 친고죄 조항은 폐지됐다. 현재는 피해자가 고소하지 않아도 수사가 진행되고 합의를 하더라도 소가 취하되지 않는다.

저작권법의 처벌 규정은 원칙적으로 친고죄다. 피해자의 신고가 없다면 형사처벌되지 않는다. 일반적으로 피해자들이 손해배상을 원하고, 저작권자의 의사에 반해 수사가 이루어지거나 처벌되는 것은 저작권법의 제도나 의의에 부합하지 않는다는 의미로 해석된다. 저작권법의 탄생 목적이 창작자의 정당한 이익을 보장하기 위한 측면이 강하기 때문일 것이다. 저작권 침해가 발생하면 권리자는 민사상 손해배상을 청구할 수 있고 이와 별도로 형사 책임을 물을 수 있다. 민사상 손해배상은 금전적인 손해액을 배상하는 것으로 흔히 생각하는 처벌의 개념과 다르다. 벌금을 내거나 징역형을 받는 개념의 처벌은 형사소송의 경우에만 가능하다. 민사소송에서 패소했다고 해서 전과자가 되거나, 형사처벌이 됐다고 해서 피해자가 손해배상을 받을 수 있는 것은 아니다. 일반적으로 피해자는 민사소송을 통해 금전적 손해배상을 청구하고, 형사고소를 통해 가해자의 처벌을 요구할 수 있다. 민사상 손해배상은 실제 손해액을 기준으로 책정되지만, 정신적 손해배상은 금액이 크지 않아서 형사사건을 동시에 진행해 가해자를 압박할 수 있다. 형사고소를 하더라도 가해자와 피해자가 합의해 고소를 취하할 수 있으므로 합의를 조건으로 민사상 손해배상금액보다 많은 합의금을 요구할 수 있다. 금액의 많고 적음을 떠나 형사처벌되면 전과 기록이 남는다는 이유로 합의에 응하는 경우가 많다. 제도는 잘못이 없지만, 이용하는 자의 남용과 악용의 문제는 언제나 존재한다.

디지털 및 인터넷 기술 환경의 변화에 따른 저작권 보호와 처벌 강화에 대한 사회적 요구에 부응해 2006년 영리를 목적으로 하고, 상습적으로 저작권을 침해한 행위를 친고죄에서 제외하도록 저작권법이 개정됐다. 이후 한미 FTA에 영향을 받아 2011년 영리를 목적으로 하거나 상습적으로 침해한 경우에 비친고죄의 대상이 되는 것으로 다시 개정됐다. 'and'를 'or'로 변경해 비친고죄 대상을 확대시킨 것이다. 일반적으로 비친고죄가 확대되면 권리자들이 환영할 것이라 예상할 수 있다. 피해자의 신고 없이 처벌이 가능하고 합의가 불가한 경우가 확대되는 것은 처벌이 강화된다는 의미기 때문이다. 그런데 아이러니하게도 비친고죄 확대를 부르짖던 권리자 측에서 비친고죄가 확대된 이후 얼마 지나지 않아 다시 친고죄로 개정해달라는 요구가 빗발쳤다는 풍문이 들려왔다. 금전적 보상은 원하지만 처벌은 원하지 않는 피해자들이 합의가 불가능해지면서 합의금을 받을 수 없게 되어서였다. 또한 피해자가 아닌 제3자의 고발에 의한 수사가 가능해져 고발 건수가 급증했다. 무심코 온라인에서 저작물을 업로드하거나 다운로드한 청소년들까지 무분별하게 고발당하거나 심지어 피해자가 사건이 발생한 사실조차 모르는 상태에서 사건이 진행되는 경우도 있다고 한다.

잘못에 대해 합당한 처벌을 받는 것은 당연하다. 사회적으로 납득할 수 없는 가벼운 처벌은 강화돼야 하지만 처벌과 보호를 같은 의미로 받아들여서는 안 된다. 소크라테스는 악법도 법이라서 독배를 마신 것이 아니라, 자신의 신념을 지키기 위해 독배를 마셨다. 악법은 바꿔야 하지만 법을 다룰 때는 시간을 들여 수많은 경우의 수를 섬세하게 고려해야 한다. 아무 잘못 없는 비친고죄 규정은 누군가의 대환영 속에 도입됐으나 10년이 지난 지금 국가의 형벌권을 악용하는 도구라는 비난을 받고 있다. 필요한 법은 제정하고 악법은 개정해야 하지만, 법전 속 한 줄의 문장에 수많은 사람들이 마음 졸이며 울고 웃는다는 사실 또한 잊지 말아야 한다.

15. 공익과 사익 사이

공유저작물

애국가는 누구의 것인가?

이 질문의 의미를 더욱 명확히 하면, 애국가는 공짜인가?

일반적으로 사용료를 내고 애국가를 이용해야 한다는 생각은 해본 적이 없을 것이다. 너무나 황당하고 불경한 질문일지 모르겠지만, 현재 각종 음원 사이트에서 다양한 버전의 애국가가 유료로 서비스되고 있다.

애국가는 작곡가 안익태의 저작물이다. 1938년 12월 11일자 『동아일보』는 "해외에서 만상의 기염을 토하고 있는 안익태가 10월 31일 독일에서 '베를린룬드풍크 심포니 오케스트라'를 지휘해 악재樂才를 발휘했는데, 특히 자작곡인「심포니크 판타지 코레아朝鮮幻想交響曲」가 조선의 독특한 정서를 잘 표현해 서구 음악가들에게 큰 화제가 됐다"고 전했다. 안익태는 당시 스코틀랜드 민요인「올드 랭 사인 Auld Lang Syne」에 가사를 붙여 애국가로 사용하는 것이 안타까워 5년간 애국가를 작곡해 1935년 12월 처음 발표했다고 한다. 이후 1936년 미국 샌프란시스코 대한인국민회 명의로「대한국 애국가 Korean National Hymn」로 악보를 인쇄해 권당 20센트에 판매했고 1936년 애국가의 일부를 포함한「한국 환상곡」을 작곡해 오케스트라를 지휘할 때마다 연주했다고 한다.[15] 안익태의 애국가는 1948년 대한민국 정부가 출범하면서 국가로 불리게 됐다.

안익태는 '에키타이 안'으로 활동하며 제2차 세계대전 중 독일 베를린 구 필하모니 홀에서 열린 만주국 창립 10주년 기념 음악회 때 일장기 아래에서 자신이 작곡한「만주 환상곡」을 지휘했다고 한다.「만주 환상곡」의 일부와「한국 환상곡」의 선율이 거의 흡사하다는 지적도 있다.「만주 환상곡」은 일본과 만주국의 영광뿐만 아니라 나치 Nazis와 무솔리니 Mussolini의 승리까지 기원하는 곡이었다. 안익태는 이전에도 일본의 명절인 명치절(11월 3일)에 기미가요를 연주했으며,

---

[15] '김은주의 시선-안익태와 애국가',『연합뉴스』, 2017. 06. 29.

기미가요를 연주한 날 오후에는 또 다른 연주회에서 일본의 궁중 음악인 「에텐라쿠越天樂」를 지휘했다는 기록이 발견됐다. 독일에서 안익태는 나치의 철저한 사상 검증을 거쳐야 가능한 제국음악원 회원증을 받았으며 독일군 위문 공연을 위해 나치가 초청한 음악가 명단에도 포함됐었다고 한다. 이 정도면 안익태의 친일 행적을 인정하지 않을 수 없을 것 같다. 다만 범죄자라도 기본권을 인정하듯이, 안익태의 사상이나 행적과 별개로 애국가의 저작권법상 지위에 대해 살피려고 한다.

법률상 애국가가 국가인 근거는 없다. 태극기는 대한민국국기법 제4조 "대한민국의 국기는 태극기로 한다"라고 규정되어 있지만 애국가는 근거 규정이 없다. 시민 사회의 모든 약속을 법률로 규정해야 효력이 있는 것은 아니나, 우리나라를 상징하는 공식적인 노래라는 측면에서 여러 차례 관련 법안이 발의됐으나 통과되지 못했다. 애국가의 저작권자는 안익태고, 1965년 안익태가 사망한 뒤 애국가의 저작권은 유족이 관리하게 됐다. 따라서 애국가가 사용될 때 발생한 저작권 사용료는 유족이 수령한다. 애국가가 '국민정서법'을 건드린 문제는 2003년 프로축구 경기상에서 발생했다. 한국음악저작권협회가 일부 프로축구 구단들을 애국가 사용료 미지급을 이유로 고소했다. 축구뿐만 아니라 각종 스포츠 경기는 시작하기 전에 애국가를 부르는 경우가 많다. 텔레비전 방송은 애국가로 시작되어 애국가로 끝난다. 애국가는 개인의 저작물이기에 한국음악저작권협회의 관리 대상인 저작물이며 사용료가 발생한다. 이 사실이 알려지자 많은 사람들이 애국가도 돈 내고 불러야 하느냐며 애국가 저작권 수익을 수령한 안익태의 유족을 비난했고 급기야 애국가를 바꾸자는 의견까지 나왔다. 2005년 안익태의 유족은 애국가가 한국 국민에게 영원히 불리기를 바란다며 애국가의 저작권을 정부에 기증했다.

현재 애국가는 국민 모두 자유롭게 이용할 수 있는가. 엄밀히 말하면 자유롭지만은 않다. 안익태의 애국가 원곡은 자유롭게 이용할 수 있지만 편곡된 버전은 이용 허락이 필요하다. 예를 들어 애국가를 본인이 직접 연주하고 가창해 블로그에 업로드할 수는 있지만 YB(윤도현밴드) 버전의 애국가를 이용하기 위해서는 YB 측의 이용허락을 받아야 한다. 편곡도 저작권을 일부 인정받는다. 애국가는 작사가 작가 미상이기 때문에 가사에 대한 저작권 문제는 발생하지 않는다.[16]

---

[16] 애국가의 가사는 작자 미상으로 알려져 있으나 친일파 윤치호와 도산 안창호 선생이 작사가로 유력한 가운데 애국가의 작사가를 밝히기 위한 토론회까지 열렸지만 아직까지 가려지지 않았다.

케이크에 불을 붙이면 무조건반사와 같이 부르게 되는 생일 축하 노래를 전 세계인들이 마음껏 부르는 것은 '저작권이 없어서'가 아니라 '유효하지 않아서'다. 원곡인 「굿모닝 투 올Good Morning to All」은 1893년에 작곡됐고 이후 가사가 생일 축하 내용으로 바뀌면서 저작권 관리사인 워너채플뮤직Warner/Chappell Music Inc.이 저작권을 양도받아 상업적 이용에 대해 사용료를 징수해 매년 200만 달러(약 23억 원) 이상의 매출을 올렸다. 2013년 미국의 영화감독이 다큐멘터리에 이 노래를 사용하기 위해 워너채플뮤직을 상대로 저작권 무효 확인 소송을 제기했는데, 워너채플뮤직이 자사에 유효한 저작권이 귀속되어 있다는 점을 증명하지 못해 최종적으로 생일 축하 노래는 공유저작물이 됐다. 법원은 "워너채플뮤직이 양도받은 저작권은 원곡인 「굿모닝 투 올」의 특정 편곡Specific Arrangement에 해당하고 또한 생일 축하 노래의 가사에 대해 유효한 저작권을 보유하고 있다고 볼 수 없다"고 판시했다. 전 세계인의 영원한 축하곡, 클리프 리차드Cliff Richard의 「축하합니다Congratulations」는 발매 당시 영국 싱글 차트 1위를 차지한 사랑 노래다. '축하합니다 축하합니다Congratulations and Celebrations' 다음 가사는 '당신이 나와 사랑에 빠졌다고 모두에게 말할 수 있을 때When I tell everyone that you're in love with me'다.

공익은 사익의 희생에 의해서만 달성되는 것이 아니다. 중국의 대표적인 혁명 발레극 「홍색낭자군紅色娘子軍」이 저작권법을 위반했다는 중국 법원의 판단이 화제가 된 적이 있다. 농부의 딸인 주인공이 홍색낭자군에 입대해 군을 이끌고 억압과 착취를 일삼는 지주를 물리치는 이야기인 「홍색낭자군」은 여성들이 혁명의 주체로 나서기를 독려하는 작품으로, 1964년 발표된 동명의 영화를 중앙발레단이 각색했다. 중국 문화부의 감독과 지원을 받는 중국의 대표적인 발레단인 중앙발레단은 중국 특유의 민족 발레를 선보이는 것으로 알려져 있다. 중앙발레단이 1993년 원작자와 10년을 기한으로 저작권 계약을 체결하고 5천 위안을 지급했으나, 문제는 계약 기한이 만료된 이후에도 재계약을 하지 않은 채 공연을 계속했다는 점이다. 원작자는 공연 중단과 공개 사과, 55만 위안의 손해배상을 청구했으나, 중앙발레단은 1993년 저작권 계약에 따라 문제가 해결됐다고 주장했다. 1심 법원은 "중앙발레단이 원작자의 동의를 얻어 작품을 각색했기 때문에 각색권을 침해하지 않았으나, 원작자에게 각색된 작품의 연출에 대한 보수를 지급해야 하고 작품 소개 시 원작자를 소개하지 않았으므로 성명표시권을 침해했다"고 판시했다. 중앙발레단이 12만 위안을 배상하고 서면으로 사과해야 한다는 1심 판결을 2심 법원도 유지했다.

중앙발레단이 판결을 따르지 않은 상태에서 원작자가 사망했고 그 배우자가 2017년 12월 법원의 강제집행을 통해 13만 위안을 받았다. 하지만 중앙발레단은 서면 사과를 이행하지 않았고 법관이 '중앙의 큰 방침'과 법률을 고려하지 않은 황당한 판결을 내렸다며 저질 법관, 불법적인 판결, 사법 부패를 언급하며 성명을 발표했다. 이에 대해 법원은 "법원의 판결을 무시하는 사람은 아름다운 춤을 춘다고 한들 그 모습은 추할 것"이라고 논평을 발표했다.[17]

시진핑 주석은 '의법치국依法治國', 법에 따른 국가통치를 정책기조로 2035년까지 법치국가, 법치정부, 법치사회 완성계획을 제시했다. '중앙의 큰 방침'은 법치주의의 실현인 것으로 보인다.

참고로 반가운 소식을 알린다. 문화체육관광부와 한국저작권위원회(이하 '위원회')는 2018년 12월 17일 '애국가 음원에 대한 저작권 기증식'을 열었다. 위원회가 관공서, 공공기관의 행사뿐만 아니라 모든 이용자들이 자유롭게 이용할 수 있도록 애국가 음원을 새로 제작했고, 제작에 참여한 권리자들이 편곡, 연주, 합창 등에 대한 권리를 모두 국가에

---

17 '홍색낭자군 사건'은 판결문 원문을 찾을 수 없어 온라인 기사를 바탕으로 작성했음을 밝힌다.

기증했다. 저작자와 출처를 표시하면 용도 제한 없이 누구나 자유롭게 사용할 수 있을 뿐만 아니라 유연하고 현대적인 느낌으로 변화를 주었으며 3D 멀티채널 몰입형 오디오로 녹음하여 콘서트홀에서 듣는 듯한 몰입감을 느낄 수 있다고 한다. 전 세계 국가들 중 최초로 3D 멀티채널 몰입형 오디오로 녹음한 애국가가 듣고 싶다면, 공유마당(http://gongu.copyright.or.kr)에서 확인하시라.

16. 국경 없는 저작권

북한 저작물

'기백 있는 음성', '김정일의 입', '핑크 레이디'.

방송원들 입에서 항상 화약 냄새가 풍겨야 한다고 말했다는 김정일 전 국방위원장의 총애를 받았던 것으로 알려진 리춘히 아나운서에 대한 수식어들이다. 리춘히 아나운서 목소리에 따라 북한 상황을 알 수 있다고 할 정도로 리춘히는 북한을 대표하는 아이콘이다. 북한 내에서 최고 대우를 받고 있는 것은 물론 다수의 해외 매체들이 인터뷰를 했을 정도로 이미 세계적으로 주목받는 유명인사다. 기사에 의하면 북한 매체에서는 리춘히에 대해 "적들의 간담이 서늘해지게 맵짜게 답새겨대는 만능의 화술적 재능"을 가졌다고 평가한다. 느낌적 느낌에 따라, '상대방을 말로써 야무지게 공격한다'는 의미로 해석할 수 있을 것 같다.

많은 사람들이 리춘히 아나운서를 아는 이유는 조선중앙TV를 볼 수 있기 때문이다. 세계 각국의 채널에서 조선중앙TV의 프로그램을 볼 수 있다는 것은 조선중앙TV의 저작물을 이용하고 있다는 의미다. 타인의 저작물을 이용하기 위해서는 허락이 필요하고 이용에 대한 정당한 사용료를 지급해야 한다. 북한 저작물이라서 달라질 것은 없다.

2001년 4월 북한은 저작권법을 제정했고, 2003년 저작권 관련 국제협약 중 하나인 '베른협약'에 가입함으로써 체약국 내에서 자국의 저작물을 보호하고 있다. 베른협약은 1886년 체결된 최초의 저작권 국제협약으로 협약을 체결한 국가들은 다른 가입국의 저작물에 대해 자국의 저작물과 동등하게 보호해야 한다. 베른협약이 체결되기까지 그동안 자국에서만 저작권법을 시행했기 때문에 소설 『레미제라블 Le Miserable』의 작가 빅토르 위고Victor Hugo를 포함한 많은 유럽 작가들이 타국에서 판을 치던 해적판 문제에 골치가 아팠다고 한다. 우리나라도 1996년에 베른협약에 가입했다. 2007년 일본 게임회사가 자사의 애니메이션을 베꼈다는 이유로 가수 아이비의 뮤직비디오에 대해 침해를 주장한 사건이 있었다. 이때 우리나라 법원은 베른협약에 따라 일본

저작물도 대한민국의 저작권법으로 보호돼야 한다고 인정한 사건이 있었다. 협약을 이유로 언제나 같은 결과가 발생하는 것은 아니다. 협약을 중심으로 하되, 각국의 법적 해석과 국가 간의 관계에 따라 저작권 보호 여부가 달리 결정될 수 있다. 일본은 북한과 국교가 없다는 이유로 북한 저작물의 저작권을 인정하지 않는다.

헌법상 북한도 한반도의 일부이기 때문에 우리나라 저작권법이 북한 저작물에도 적용된다. 베른협약에 따르면 당연한 결과며, 그렇지 않더라도 북한의 국제협약 가입 여부와 상관없이 우리나라에서 북한 저작물 또한 보호된다. 결론적으로 우리나라에서 북한 저작물을 이용할 경우 저작권법에 따른 절차를 밟고 정당한 사용료를 지급해야 한다. 월북한 작가 박태원의 소설 『갑오농민전쟁』을 1989년 무단으로 출판한 출판사를 상대로 박태원의 유족이 제기한 저작권 침해 소송에서 법원은 출판사의 침해를 인정했다. 북한에서는 예술가들이 정부에 속해 있어서 개인이 저작권을 행사하는 경우는 거의 없다고 하지만, 저작권 자체가 존재하지 않는다고 할 수 없다.

법과 권리관계를 이해하더라도 막상 북한 저작물에 대한 이용허락을 받아야 할 경우가 생기면 지레 사용을 포기할 가능성이 높다. 아직은 북한에 갔다 왔다는 말보다 화성에

갔다 왔다는 말이 더 신빙성 있게 들린다. 우리나라와 북한은 1992년 발효된 '남북기본합의서'에 남북의 문화교류를 목적으로 하는 '남북경제문화협력재단'을 설립하고 북한의 저작권 통합 관리 기관인 저작권사무국과 협력해 북한 저작물을 관리하고 있다. 1980년대 해금 조치에 의해 남한에서 월북 작가들의 작품이 출판되기 시작하자 북한은 남북경제문화협력재단을 통해 남한에서 저작권 침해소송을 제기하기도 했다. 북한의 저작권사무국은 북한 저작물의 이용 허락을 위한 사전 협상 권한을 남북경제문화협력재단에 부여했기에 남북경제문화협력재단을 통해 북한 저작물을 이용할 수 있다. 월북한 무용가 최승희의 장구춤 독무와 부채춤 군무 영상이 2007년 북한 저작물로 처음 등록됐고, 이후 월북한 작가 백석과 이기영의 후손으로부터 저작권 관리 업무를 위탁받았다고 한다.

일부 언론과 우익 단체들은 남북경제문화협력재단 이사장이 북한에 돈을 퍼줬다며 맹비난했다. 저작권료 명목으로 북한에 20억을 보냈다며 국가보안법 위반이라고 주장했다. 남북경제문화협력재단은 통일부의 승인을 받아 대북제재 이전까지 북한에 저작권사용료를 지급했는데, 2009년 대북제재 이후 북한으로 송금이 불가능해져 저작권사용료는 법원에 공탁해놓은 상태다. 통일부에 따르면 남북교류협력에 관한 법률에 따른 결과여서 국가보안법 적용을 받지 않는다고 한다.

　북한 저작물의 법적 지위에 대해 사실에 입각해 최대한 논리적으로 설명하려 했으나, 어느 날 어느 집단에서 어느새 내가 빨갱이가 되어 있지 않을까 걱정이 잠시 스친다. 누군가는 큰일이라며 혀를 차겠지만, 요즘 초등학생에게 이승복을 아냐고 물으면 "몇 학년 몇 반인데요?"라고 답한다고 한다. "나는 공산당이 싫어요"라고 외쳤다는 이승복 어린이가 진정으로 바랐던 것은 평화였을 것이다. 북한의 최고지도자가 판문점의 군사분계선을 넘어 남한으로 발을 딛던 순간, 남한의 대통령이 다시 군사분계선을 넘어 북한으로 발을 딛던 순간. 이 순간을 어떤 말로 설명할 수 있을까. 하트는 어쩐지 빨간색으로 그려야 할 것 같은 생각이 드는 이유는 빨간색이 열정, 에너지 그리고 사랑을 상징하는 색이기 때문이다. 다시 빨간색을 사랑의 색으로 되돌려줄 때가 된 것 같다.

17. 영화를 볼 수 있는 권리

저작재산권 제한

영화를 볼 수 있는 권리는 어떤 권리인가.

권리란 법이 부여한 힘이다. 영화를 보고 싶다면 보면 되지 굳이 법의 힘을 빌어야 할 이유가 무엇인지 선뜻 이해하기 어렵다. 보고 싶은 영화를 보고 싶을 때 볼 수 있는 보통의 사람들에게는 영화를 볼 수 있는 권리란 잠을 잘 수 있는 권리, 먹고 싶은 음식을 먹을 권리 등과 같이 굳이 '권리'라는 단어를 붙일 필요가 없는 당연한 것이다.

세상에는 보고 싶은 영화를 보고 싶을 때 볼 수 없는 사람들이 있다. 그것도 아주 많이. 2015년 기준 우리나라 등록 장애인 250만 명 중 시각장애인 25만 3천 명, 청각장애인 26만 9천 명, 총 약 52만 2천 명은 특정 상영관에서 정해진 날짜와 정해진 시간에 지정된 특정 영화를 관람해야 한다. 자막과 화면 해설이 제공되는 '배리어프리Barrier Free' 버전의 영화를 볼 수밖에 없기 때문이다. 배리어프리 버전 영화는 특정 상영관에서 한 달에 한 번 정도 상영된다고 한다. 2017년 말 기준으로 총 스크린 수는 2,820여 개인데, 이 중 59개 상영관에서 1년에 약 30여 편의 영화를 시청각장애인을 위해 제공하며, 장애인관람석 비율은 평균 1.76퍼센트로 조사됐다. 장애인관람석은 대부분 가장 앞줄에 배치되어 있고 상영 시간은 주로 평일 오후 시간이며 비상대피 안내방송은 수어와 자막 서비스가 제공되지 않는다. 영화 상영 정보를 확인할 수 있는 홈페이지와 어플리케이션에서도 장애인을 위한 서비스는 제공되지 않고, 티켓을 구입할 때 역시 마찬가지다. 청각장애인학교에서 발생한 사건을 다룬 영화 「도가니」의 배리어프리 버전을 상영한 영화관은 전국에 10곳이었다.

시각장애인들은 주로 한국 영화를 보고 청각장애인들은 주로 외국 영화를 본다고 한다. 취향 차이 때문이 아니라는 점을 굳이 설명하지 않아도 될 것이다. 다행스럽게도, 대사를 외울 정도로 반복해서 들은 후에 영화 내용을 상세히 이해할 수 있었다거나 비장애인 가족과 함께 보기 위해 화면 해설이 없는 영화를 보았는데 하필 액션 영화라 누가 누구를 때리는지 모르는 채로 장시간 '퍽퍽' 소리만 들었다거나 하는 장애인들의 웃픈 이야기들이 전설처럼 들리게 될 날이 머지않아 올지도 모르겠다. 2016년 2월부터 청각장애인 2명과 시각장애인 2명이 관련 단체들과 함께 국내 대형 멀티플렉스 극장들에 대해 시청각장애인들의 영화 관람권 보장을 요구하는 차별구제청구소송을 제기했다. 당초에는 영화관에서 상영되는 모든 영화의 대한 자막과 화면 해설을 제공해달라고 요구했었으나, 영화관 사업자의 부담을 고려해 제작사나 배급사에서 자막·화면 해설을 받은 경우에 한한 것으로 청구 취지를 바꿨다. 2017년 12월 1심 법원은 영화관들에게 "장애인들이 장애가 없는 사람들과 동등하게 영화를 관람할 수 있도록 웹사이트에서 화면 해설이나 자막을 제공하는 영화의 상영관과 시간 등의 정보를 제공하고, 원고들이 관람하려는 영화 중 제작사나 배급사로부터 자막과 화면 해설 파일을 받은 경우 이를 제공해야 하며, 상영관에서 점자 자료나 큰 활자로 된 문서, 한국수어통역 또는 문자 등을 제공하라"고 원고 승소 판결을 했다. 장애인들의 요구가 비용 면에서 너무 과도한 부담이라고 주장했던 영화관들은 즉각 항소했다.

장애인을 위한 시설을 제공하라는 요구가 상업 시설인

영화관들에게 공익을 위한 희생을 받아들이라는 의미는 아니다. 시장 논리에 입각해 설명하자면, 시청각장애인들이 영화관에서 영화를 자유롭게 관람할 수 있게 될 경우 영화관은 52만여 명의 신규 고객을 유치하게 된다. 장애인 전체로 대상을 넓힐 경우 잠재적 수요자는 약 250만 명까지 늘어나게 된다. 배리어프리 버전을 제작하기 위해서 영화 한 편당 2천만 원 정도의 많은 비용이 소요된다는데, 영화진흥위원회의 발표에 따르면 2017년 우리나라 영화제작비는 편당 평균 26억 원이다.

과거에는 장애인을 위한 저작권 제한 규정을 강제하지 않았으나 권고만으로는 실효적인 효과를 얻을 수 없다는 비판이 꾸준히 제기되어 세계지적재산권기구WIPO가 2013년 6월 모로코의 마라케시에서 '맹인, 시각 손상인 또는 그 밖의 독서장애인의 발행 저작물 접근 촉진을 위한 마라케시 조약'을 채택했다. 마라케시 조약에 따르면 저작권자의 허락이 없어도 저작물은 독서장애인이 이용할 수 있는 형태의 자료로 복제가 가능하고 또한 이를 타국의 기관이나 독서장애인에게도 배포할 수 있다. 우리나라를 포함한 37개국이 마라케시 조약을 비준했고, 우리나라 저작권법은 시각장애인 등을 위한 복제·배포·전송에 대한 예외 규정을 마련하고 있다. '시각장애인 등'이란 '독서장애인'을 의미한다.

시각장애뿐만 아니라 다른 신체적 이유로 도서를 다룰 수 없거나 정신적 이유로 독서 능력이 손상된 사람들도 독서에 어려움이 있기 때문에 독서장애인이라는 용어를 사용한다. 시각장애인을 비롯해, 신체를 자유롭게 움직일 수 없거나 난독증이 있다면 책을 들고 눈으로 문자를 읽는 대신 문장을 음성으로 듣는 것이 편하다. 저작권법은 공표된 어문저작물을 점자로 복제·배포하거나 독서장애인을 위한 전용기록방식으로 복제·배포·전송할 수 있도록 규정하고 있다. 일반 도서를 디지털화된 문자파일로 변환하고 이 파일로 '소리도서'를 제작해 이용할 수 있다. 다만 이 규정은 출판사가 '디지털 납본'에 불응할 경우 강제할 수단이 없어서 실효성이 없다는 비판을 받기도 하고, 어문저작물에 한정되어 있으므로 영상이나 음악저작물에는 적용되지 않는다. 지정된 시설을 통해서만 허용되며 시설로부터 의뢰받은 봉사자가 아닌 개인의 녹음은 저작권법 위반에 해당된다. 청각장애인 등을 위한 수어 변환과 수어의 복제·배포·공연 또는 공중송신을 할 수 있는 규정도 마련되어 있다. '청각장애인 등'에는 평형 기능에 장애가 있는 사람이 포함되며 공표된 저작물에 자막 등을 제공할 수 있다.

부디 장애인의 영화관람권 보장에 동의하며 장애인을 위한 영화관을 따로 만들거나 전용상영관을 마련해야 한다고 생각하지 않았으면 한다. 장애인과 비장애인이 같은 상영관에서 같은 영화를 보는 것이 '정상'이다. 현재 우리나라에서 실시되는 배리어프리 버전 상영 방식은 상영관 내의 모든 관람객이 소리 해설과 대사 자막이 둘 다 포함된 영화를 함께 관람하는 '오픈형'이어서 장애인이 아닌 관람객들에게는 방해가 된다는 문제가 있을 수 있다. 이 점이 영화관 입장에서 배리어프리 버전 확대 불가의 가장 큰 이유가 된다. 현재 특수장비를 쓴 사람에게만 자막이 보이게 하거나 FM송수신기를 통해 이어폰을 사용하는 사람에게만 화면 해설이 제공되는 기술은 이미 개발됐다. 미국에서는 자막을 제공하는 특수 안경과 화면 해설하는 기기가 이미 상용화됐고 좌석 뒤에 화면을 설치해 자막을 제공하는 방법도 있다. 2017 부산국제영화제에서는 스마트폰 어플리케이션을 통한 화면 해설이 제공됐다. 이런 장비를 갖추기 위한 비용이 과도한 부담이라는 영화관들에게는, 관객 확대를 고려해 장애인용 영화 안경을 개발한 미국의 최대 영화관 체인 중 하나인 리갈Regal의 사례를 전한다. 영화진흥위원회의 자료에 의하면 영국은 대부분의 영화관이 장애인을 위한 장치와 서비스를 제공한다. 프랑스는 개봉 영화의 41퍼센트가 시청각장애인이 접근가능한 영화며 자국 내 200곳 이상의 영화관에서 상영된 영화의 78퍼센트가 이런 서비스를 제공하는 것으로 조사됐다.

우리나라에도 변화는 일어나고 있다. 2016년 보호자를 동반하지 않은 중증장애인의 4D 영화관 입장을 금지한 사건에 대해 국가인권위원회가 차별행위를 인정했다. 지체장애 1급 장애인 2명이 4D 영화관에서 보호자를 동반하지 않을 경우 입장할 수 없다며 제지당하자 차별행위로 국가인권위원회에 진정을 한 사건이다. 국가인권위원회는 중증장애인에 대한 일률적인 보호자 동행 요구를 차별 행위로 인정하고 중단을 권고했다. "각 중증장애인의 4D 영화관 이용 경험이나 장애의 정도, 특성에 대한 구체적이고 개별적인 고려 없이 단지 중증장애라는 이유만으로 이용을 일률적으로 제한한 것은 차별행위로서, 중증장애인이 4D 영화를 관람할 수 있도록 직원들을 적절하게 훈련·교육하거나 착석을 도와주는 기구를 설치할 수 있는 점 등을 종합적으로 고려하면, 대형 사고에 대비하기 위해 보호자 동행을 요구했다는 극장 측 주장은 정당한 사유가 있다고 보기 어렵다"고 인정했다. 국가인권위원회는 최근 영화관들에 영화 상영 전 피난안내방송에 수어와 자막 서비스를 제공하라고 권고했다.

장애인들의 오랜 투쟁의 결과로 지하철역마다 엘리베이터가 설치되자 유모차를 가지고 나온 사람들과 일시적으로 걷기 불편한 사람들, 무거운 짐이 있는 사람들 등 많은 비장애인들이 편하게 지하철을 이용할 수 있게 됐다. 가게 입구나 길의 턱이 없어지자 바퀴 달린 가방이나 유모차가 이동하기 편리해졌다. 계단을 오르내리기 힘든 어르신들은 저상버스를 좋아한다. 영화관들이 장애인을 위한 장비를 개발하거나 구비할 경우 저시력이나 노안 등의 이유로 영화관을 찾지 못했던 사람들도 다시 영화관에서 영화를 볼 수 있다. 특수 안경을 통해 다양한 언어의 자막이 제공될 경우 외국인들도 자유롭게 영화관을 찾을 것이다. 누군가를 위한 배려는 결국 모두에게 돌아온다. 다양한 사람들이 각자의 방식으로 평범한 일상을 살아가는 위대한 사회로 나아갈 수 있기를 바란다.

18. 몰래 하는 표절, 대놓고 하는 오마주

표절과 저작권침해

얼마 전 수십 년 동안 이어져온 논란을 종결하는 중요한 판결이 있어 관심을 모았다. 세기의 라이벌인 '로보트 태권V'와 '마징가Z'의 관계에 관한 판결이다. 서울중앙지방법원은 로보트 태권V(이하 '태권V')와 저작권을 가지고 있는 주식회사 로보트 태권V가 태권V와 유사한 완구를 제조한 완구류 업체 운영자를 대상으로 태권V의 저작권을 침해했다며 손해배상을 주장한 사건에서 "태권V는 마징가Z와 별개의 창작물"이라고 판결했다. 태권V의 저작권 침해 사건에서 왜 마징가Z가 '갑툭튀('갑자기 툭 튀어나오다'를 뜻하는 신조어)' 했는지 궁금할 것이다. 그 이유는 태권V 측 주장에 대해 완구회사가 태권V는 마징가Z를 모방했기 때문에 저작권법에 의해 보호되는 창작물이 아니라고 주장해서다. "달려라 달려 로보트야"라는 노랫말만 들어도 누구나 바로 다음 소절을 흥얼거릴 정도로 「로보트 태권V」는 한국의 '국민 애니메이션'이다. 당시 「로보트 태권V」를 시청하지 않았더라도 살면서 태권V라는 이름을 한 번도 들어보지 못한 사람은 드물 것이다. 다만 88올림픽, 서태지와 아이들, 2002 월드컵을 잘 모르는 세대들은 이 판결을 건너뛰어도 괜찮다.

1972년 일본에서 '탑승형 로봇'의 시초라 불리는 '마징가Z'가 등장해 엄청난 인기를 얻었다. 「마징가Z」는 후지TV에서 방영된 애니메이션으로 당시 시청률이 최고 30퍼센트에 이르렀으며 전 세계로 수출됐다. 이탈리아와 스페인에서는 최고 시청률이 70퍼센트에 달했다. 1975년 우리나라에서도 방영되어 큰 인기를 얻었는데 당시 우리나라에는 일본문화의 수입이 금지된 터라 미국 애니메이션이라 신고하고 방영했다고 한다. 「마징가Z」의 작가는 교통체증 탓에 막혀있던 도로를 보다가 자동차에서 다리가 쭉 뻗어 나와 다른 차들을 뛰어넘는 상상을 했고, 여기서 마징가Z가 탄생했다. 마징가Z의 이름은 신이 될 수도, 악마가 될 수도 있다는 의미의 '마신아魔神我'의 일본어 발음에서 왔다. 심오한 이름처럼 마징가Z는 외모도 다른 애니메이션 주인공들처럼 착해 보이지만은 않다. 「마징가Z」는 지구 정복을 꿈꾸는 닥터 헬이 지구에 보낸 기계 괴물을 마징가Z가 물리쳐 평화를 지킨다는 내용이 핵심 줄거리다.

1976년 7월 24일 한국에서는 최초 극장용 애니메이션 「로보트 태권V」(이하 '태권V')가 개봉됐다. 제작 유현목, 감독 김청기. 거장의 두 이름만으로도 「태권V」가 평범한 애니메이션은 아닌 것을 알 수 있다. 당시 흑백 텔레비전에서만 보아도 설레었던 로봇인데, 극장의 대형 스크린에서 총천연색으로 '국기 태권도'를 하는 로봇을 볼 수 있다니 그 인기가 대단했다. 정확한 기록은 없지만 이 작품의 관객은 서울에서만 약 18만 명이었다고 하며, 이후 6편의 후속 시리즈가 개봉됐다. 감독은 광화문에 서 있는 이순신 장군의 얼굴에서 태권V를 구상했다고 한다. 태권V의 두상 역시 이순신 장군 동상의 투구 모양을 응용한 것으로 알려져 있다. 「태권V」는 세상을 증오하는 카프 박사의 무리들이 붉은 제국을 건설하자 카프 박사의 옛 동료였던 김 박사가 세계 평화를 지키기 위해 로봇을 개발하던 중 붉은 제국의 로봇에 의해 죽게 되고, 이후 김 박사의 아들 훈이 완성된 태권V를 조종해 붉은 제국을 응징한다는 내용이다.

태권V 세대들에게는 영원히 풀리지 않을 것만 같은 오래된 논쟁이 있다. 태권V와 마징가Z가 싸우면 누가 이기냐는 문제다. 태권V의 신장이 56미터고 마징가Z의 신장이 18미터니 태권V가 이길 것이다, 태권V가 4년 뒤에 탄생했으니 기술적으로 우위일 것이다, 가까이에서 싸우면 태권도를 하는 격투형 로봇인 태권V가 이길 것이고 멀리서 싸우면 로켓포를 주무기로 하는 원거리형 로봇인 마징가Z가 이길 것이다,[18] 등등의 각종 추측들이 있어왔다. 심지어 한 카이스트 교수가 텔레비전 프로그램에서 태권V는 훈이와 일심동체로 동시에 움직이기 때문에 스틱으로 움직이는 마징가Z보다 반응속도나 명령시간이 단축되므로 태권V가 승리할 가능성이 높다는 분석을 내놓기도 했다. 어느 인터뷰에서 김청기 감독은 이렇게 답했다. "태권V는 무적!"

「태권V」는 대단한 인기에도 불구하고 「마징가Z」 이후에 제작된 유사한 탑승형 로봇을 소재로 한 애니메이션이라는 점에서 태생적으로 표절 문제에 시달려왔다. 김청기 감독은 「마징가Z」를 '벤치마킹'했으나 차별화를 위해 많은 노력을 했다고 밝혔다. 「마징가Z」의 영향을 받았다는 점은 부인할 수 없는 것이다. 그렇다면 감독이 '인정'했으니 「태권V」는 「마징가Z」의 저작권을 침해한 작품인가.

타인의 저작물을 허락 없이 이용하거나 변형한 행위를

---

[18] 마징가Z의 출력이 65만 마력임에 비해 태권V는 1200만 마력이라 멀리 있어도 태권V가 금방 따라잡아 이길 것이라는 주장도 있다.

일반적으로 '표절'이라고 부른다. 표절의 사전적 의미는 남의 창작물의 내용 일부를 취해 자기 창작물에 제 것으로 삼아 이용하는 행위다. 이런 행위는 법적으로 성명표시권, 동일성유지권, 복제권, 2차적저작물작성권 침해에 해당할 수 있다. 법전에는 표절이라는 용어가 등장하지 않으며 '표절=저작권침해'가 언제나 성립하는 것은 아니다. 남의 창작물의 내용 일부를 취해 자기 창작물에 제 것으로 삼아 이용하는 행위라도 언제나 저작권 침해로 처벌되지는 않는다는 의미다. 남의 것을 제 것처럼 이용하는데 왜 침해가 아닐 수 있는지 의문스러울 수 있다. 법률상 저작권 침해가 성립하기 위해서는, '남의 창작물'이 저작권법상 보호받는 저작물이라는 전제가 필요하다. 바나나를 그린다고 가정하면, 대부분의 사람들이 긴 원통형 형태를 그리고 노란색을 칠할 것이다. 이와 같은 전형적인 형태의 바나나 그림은 창작성이 인정되지 않아 저작권의 보호를 받는 저작물이 아니다. 그런데 내가 그린 바나나 그림이 유명 밴드 '벨벳 언더그라운드The Velvet Underground'의 음반 표지에 그려진 앤디 워홀Andy Warhol의 바나나 그림과 유사하다면 문제가 달라진다.

여기서 다시 '유사'하다는 점을 상세히 살펴볼 필요가 있다. 유사하더라도, 저작권법상 창작자의 최소한의 개성이 드러나 있다면 창작물로 인정되므로 다시 '최소한'의 경계가 어디까지인지 생각해보아야 한다. 예를 들어, "세종대왕은 애민정신을 가지고 한글을 창제한 위대한 왕이다"는 글을 읽고 "애민정신을 가지고 한글을 만든 세종대왕이야말로 위대한 지도자다"라는 문장을 썼다면 표절로 처벌받아야 할까?

저작권법에서는 '실질적 유사성'이라는 요건에 따라 유사성을 판단한다. 저작물의 장르, 성격, 특징 등 다양한 요소들을 종합적으로 고려해 두 창작물이 실질적으로 유사한지 여부를 결정한다. 법원은 "태권V가 마징가Z와 뚜렷하게 다른 외관상의 차이가 있다"고 설명했다. "태권V는 머리 부분이 투구 모양으로 마징가Z와 다르며 가슴에 V자도 태권V는 연결되어 있지만 마징가Z는 갈라져 있다는 점에 차이가 있고, 태권V는 태권도를 바탕으로 하지만 마징가Z는 일본 문화를 기초로 만들어졌으므로 캐릭터 저작물로서의 특징이나 개성에 차이가 있다"고 인정했다. 두 창작물이 실질적으로 유사하지 않다고 판단한 것이다. 법원에서 언급한 두 캐릭터의 차이에 대해서는 각자 판단해볼 수밖에 없으나, 한 가지 유의해야 할 점은 실질적 유사성을 판단할 때 장르의 특성을 고려해야 한다는 것이다. 소설 『애마부인』의 작가가 영화 「애마부인」에 대해 저작권 침해 소송을 제기한 적이 있었다. 이때 법원은 "일반적으로 중년 여성을 소재로 한 성인용 소설 또는 영화에서 원만하지 않은 가정생활 등을 갈등 원인으로 하고 말을 상징으로 도입하는 등의 일정한 패턴을 보인다"고 설명했다. 이것이 '필수장면의 원칙'이다. 필수장면은 장르적 특징으로 볼 수 있다. 언뜻 비슷할 수 있지만 보호되지 않는 필수장면과 창의성이 인정되는 부분을 구분하고 여과해 비교하면 두 저작물 간의 차이가 드러난다. 말하자면 태권V 가슴의 연결된 V와 마징가Z 가슴의 갈라진 V는 로봇계(?)에서 확연한 차이일 수 있다.

다양한 요소들을 고려하지만, 여전히 실질적 유사성 판단은 '케바케(Case by Case를 가리키는 신조어)'일 수밖에 없기에 논란이 남는다. 법원은 "태권V처럼 가슴에 단절되지 않은 V자가 새겨진 로봇 캐릭터는 흔치 않은 것으로 보인다"고 설명했지만, 1974년에 나온 '그레이트 마징가'는 가슴에 연결된 V자가 붙어 있다. 수많은 짝퉁을 양산하는 전 세계에서 가장 비싸고 유명한 캐릭터 중의 하나인 산리오 Sanrio의 헬로 키티Hello Kitty도 표절 시비에 휘말린 적이 있다. 전 세계에서 가장 유명한 토끼인 미피Miffy의 저작자 딕 브루너Dick Bruna는 헬로 키티가 미피를 베꼈다고 주장한다. 미피와 헬로 키티 모두 하얗고 단조로운 형태로 무표정하며 정면을 응시한다는 공통점이 있는데, 미피는 언제나 입을 X로 다물고 있고, 헬로 키티는 입이 없다. 미피는 자신이 아닌 아이들이 말하게 하기 위해 입이 X자 모양이라고 하고, 헬로 키티는 아무 말 없이 아이들의 이야기를 다 들어주는 친구를 표현하기 위해 입이 없다고 한다. 브루너는 2010년 헬로 키티의 토끼 친구인 캐시Cathy가 미피를 베꼈다며 소송을 제기했고 암스테르담 법원은 캐시 제품의 판매 금지 명령을 내렸다. 사족으로, 헬로 키티는 스누피Snoopy에 대항하기 위해 만들어졌다.

누군가의 창작물이 타인의 '저작물'과 '유사'하다면 다음은 '제 것으로 삼아' 이용한 것인지 살펴보아야 한다. '제 것으로 삼아'는 법률적으로 '고의에 의해'라고 해석할 수 있다. 고의란 간단하게 '범죄 의사'를 의미한다. 자신의 행위가 범죄 또는 불법행위임을 인식하면서도 실현한 경우 고의가 인정된다. 타인의 저작물을 몰래, 나의 이익을 위해 침해임을 알면서도 일부러 모방하거나 변형해 이용한 것이 인정될 경우 처벌이 가능하다.

베스트셀러 작가 신경숙은 여러 건의 표절 시비가 발생한 이후 칩거 중이다. 가장 큰 사건은 1996년 발표한 「전설」의 일부가 1983년에 발표된 일본 작가 미시마 유키오平岡公威의 소설 「우국憂國」의 일부와 유사하다는 논란이다. 이 문제를 처음 제기한 소설가 이응준은 신문에 두 소설을 비교하며 특히 "기쁨을 아는 몸"이라는 표현에 주목했다. 해당

부분의 전체적인 내용과 구성도 비슷하지만, "기쁨을 아는 몸"이라는 표현이 똑같이 등장한다는 점에서 의식적인 도용이 확실하다고 주장했다. 원문은 "사랑의 기쁨을 알았으며"라고 번역될 수 있으나 번역을 한 시인 김후란이 "기쁨을 아는 몸이 됐"다고 표현했으며, 이런 언어 조합은 어디에서 우연히 보고 들은 것을 실수로 적을 수 없는 차원의 결과물이라는 것이다. '기쁨을 아는 몸'은 누구나 그릴 수 있는 '긴 원통형의 노란색 바나나 그림'인가, 앤디 워홀의 바나나 그림인가. 남녀의 육체적 사랑을 글로 표현할 때, 다수의 책을 읽고 글을 쓰는 작가라면 어느 날 문득 '기쁨을 아는 몸'이라는 표현을 생각해낼 수 있는가, 그렇지 않은가에 대한 다양한 견해가 있었고 결국 신경숙의 '소극적 인정'으로 사건은 마무리됐다. 표절 의심이 제기되자 신경숙은 「우국」을 읽어본 적 없다고 부인했으나, 사건이 점점 커지자 "나도 내 기억을 믿을 수 없다", "표절이란 문제제기를 하는 게 맞겠다"라며 이응준 작가와 독자에게 사과한다고 인터뷰했다. 법원의 판단을 받지 않았기 때문에 결론은 내릴 수 없지만 일반적으로 법리상 침해를 판단할 때, '현저한 유사성'이 인정될 경우 침해 가능성이 매우 높아진다. 현저한 유사성이란 베끼지 않았다면 불가능할 정도로 매우 유사한 경우를 말한다.

상대방의 표절 주장에 대해 신경숙이 승소한 사건도 있다. 수필가 오길순이 신경숙의 대표작 「엄마를 부탁해」가 자신의 수필 「사모곡」을 표절했다고 주장한 사건에서 법원은 두 이야기가 등장인물, 인물 설정, 이야기 구조 등에서 유사성보다는 차이가 크다고 판단했다. 원고인 오길순은 자녀들이 엄마를 잃어버린 사건을 계기로 엄마를 떠올린다는 내용인 「엄마를 부탁해」가 치매에 걸린 어머니를 잃어버렸다가 찾은 이야기인 「사모곡」과 주제, 줄거리, 사건 전개 방식 등이 유사하다고 주장했으나, 법원은 "부모를 실수로 잃어버리게 된다는 소재는 다수의 문학 작품과 영화 등에 등장하기 때문에 비슷한 착안을 했다는 것만으로 섣불리 유사하다고 평가하기 어렵고, 실종사건의 발생 상황은 다소 유사하나 정신이 온전치 않은 어머니의 실종이라는 동일한 주제를 표현하기 위해서는 유사한 사건과 동일한 단어가 등장할 수밖에 없는 것으로 보인다"고 설명했다. 두 작품 모두 어머니 실종사건과 어머니를 찾고자 하는 자녀의 간절한 마음을 통상적인 방법으로 표현한 것일 뿐 '베꼈다'고 볼 수 없다는 것이다. 근거로 「엄마를 부탁해」의 등장인물이 더 다양하고 이야기 구조가 복잡하며(「사모곡」은 5쪽 분량이다) 두 작품의 결말이 다른 점도 지적했다. 결론적으로 두 작품의 실질적 유사성이 인정되지 않았다.

표절을 일부러 대놓고 따라하는 '오마주Hommage'와 비교해보자. 영화에서 존경의 의미로 다른 작품의 주요 장면이나 대사를 모방하거나 인용하는 것을 오마주라고 한다. 대표적으로 영화 「킬 빌Kill Bill」에서 주인공이 옆 선이 있는 노란색 트레이닝복을 입고 다수와 싸우는 장면을 들 수 있다. 영화 좀 봤다는 사람들은 쉽게 이 장면에서 이소룡李小龍의 유작 「사망유희死亡遊戱」를 떠올린다. 사실 많은 사람들이 노란색 트레이닝복을 입고 싸우는 장면만 나와도 이소룡을 떠올린다. 그런데 「킬 빌」 주인공은 운동화까지 「사망유희」의 이소룡과 같은 디자인을 신고 나왔다. 「킬 빌」의 감독 쿠엔틴 타란티노Quentin Tarantino는 쿵푸 영화광으로 알려져 있고 「킬 빌」은 오마주의 대표작으로 자주 거론된다.

오마주는 모두가 알 수 있거나 모두에게 알리고자 할 때 인정된다. 오래전 어느 걸그룹이 연말 시상식에서 입고 나온 의상이 유명한 명품 브랜드의 디자인을 베꼈다는 의심을 받았던 적이 있다. 해당 의상은 화려한 자수가 디자인의 핵심이었는데, 표절 의심을 받자 해당 스타일리스트는 "해당 브랜드의 옷을 실제로 본 적도 없으니 카피한 게 아니라 오마주며, 그 옷이 마음에 들어서 본인들이 한 땀 한 땀 수를 놓아 제작했다"며 카피라고 할 만큼 비슷하다면 자신들이 명품 브랜드처럼 옷을 잘 만들었다는 칭찬인 것 같다고 해명했다. 해당 스타일리스트가 그 명품 브랜드 디자이너를 평소 대단히 존경했는지 진위는 알 수 없지만 본인의 답변을 기준으로 분석하자면, 오마주를 잘 모르거나 궁색한 변명이다.

오마주는 기본적으로 존경의 의미를 담고 있다. 오마주를 했다면 해당 작품 또는 창작자를 매우 좋아하고 존경한다는 뜻인데 그러기 위해서는 그 작가나 작품을 굉장히 잘 알고 있어야 한다. 잘 알아야 오마주가 가능하니 보지 않으면 오마주를 할 수도 없고, 실제로 봤는지 여부 또한 전혀 고려 사항이 아니다. '실제로 안 봤으니 오마주다'는 '술은 마셨지만 음주운전은 아니다'와 같은, 어떻게 해도 성립이 안 되는 말이다. 약간의 말실수를 가지고 진의를 호도하지 말라고 한다면 실제로 봤는지 여부는 그렇다 해도, 오마주를 하기 위해 해당 걸그룹에게 진품과 거의 유사한 옷을 수제작해서 입혔다는 점을 따져보자. 오래전 미국 연방대법관을 지낸 한 판사가 음란물 사건 판결에서 "I know it when I see it"이라는 유명한 말을 남겼다. 예술과 외설의 경계에 대해 "보면 안다"라고 답한 것이다. 음란물의 기준에 대한 논란은 차치하고, 이 말은 오마주에 적용할 수 있다. 오마주는 "그것이 그것임"을 알 수 있어야 한다. 적어도 "그것이 그것임"을 알려야 한다. 노란 트레이닝복을 입고 쿵푸를 하는 장면을 보면 누구나 이소룡을 떠올리기에 「킬 빌」의 오마주를 인정할 수 있다. 오마주는 '대놓고' 모방하는 행위여서 원작의 인지도가 전제된다. 영화 「킹스맨」의 감독은 영화 속 가장 유명한 교회 액션 장면을 박찬욱 감독의 「올드보이」의 '장도리 신'에서 영감을 받았다고 인터뷰했다. 오마주는 '사실은 오마주'라고 설명할 필요가 없다. 이미 모두 알기 때문이다. 오마주인지 표절인지 논란이 있다는 것 자체가 오마주에 실패한 것이다. 해당 패션 브랜드 또는 디자이너에 대한 오마주를 하고 싶었다면, 자신의 존경심을 연말 가요대전에서 아무 관련 없는 걸그룹을 통해 표현한 것부터 잘못된 선택이다. 심지어 해당 의상은 당시 컬렉션에서만 발표된 상태로 시중에 판매되기 전이었고, 논란이 발생하기 전에는 해당 의상에 대해 어떠한 거론도 하지 않았다.[19]

원작을 알리고 싶어 하면 오마주, 원작을 숨기고 싶어 하면 표절이다. '몰래, 내 것인 척'하는 것이 표절의 잘못이다. 그러나 누군가의 속내를 판단하는 것은 매우 어렵다. 뼈를 깎는 고통 속에서 탄생한 작품이 불행하게도 우연히 타인의 작품과 유사한 것인지, 못된 마음을 먹고 안 들키겠지 하며 모방한 것인지 진실은 당사자만 안다. 표절 문제는 자주

---

[19] 해당 걸그룹은 이 사건 외에도 디자인 표절 의혹이 있는 다수의 의상을 착용했다.

발생하지만 실제 소송이 진행되는 경우는 드물다. 상대의 '못된 마음'을 증명하기 어려운 탓이다.

소설가 이응준은 신경숙의 「전설」 표절 문제를 제기하며 "예술가의 도덕은 '예술에 대한 도덕'이며 예술에 대한 윤리가 예술가의 본분"이라고 주장했다. 법 없이 살 수 있는 사회가 가장 살기 좋은 사회이듯, 표절을 근절하기 위해서는 법의 심판보다 수치심의 심판이 가장 효과적일 것이다.

19. 저작권법의 이단아, 현대예술

아이디어와 표현의 이분법

현대예술 논란을 불러일으킨 조영남 대작代作 사건은 저작권법 위반 사건이 아니다.[20] 검찰은 대작 화가가 그린 그림을 자신의 그림으로 판매했다며 조영남을 '사기' 혐의로 기소했다. 어느 무명 화가가 자신이 조영남의 작품을 그린 대작 작가라고 밝히면서 시작된 이 사건은 '현대예술은 무엇인가'의 논의로 발전되어 현재 소송이 진행 중이다. 이 사건은 대작 작가가 조영남이 서명한 그림은 자신의 작품이므로 자신의 성명을 표시하지 않은 것 또는 자신의 작품에

---

20 이 글은 '조영남 사건'의 판결문이 공개되지 않은 시점에 언론에 공개된 자료를 참고해 작성했음을 밝힌다.

허락 없이 덧칠을 한 것이 저작권법 위반이라고 주장한 것이 아니라, 조영남이 직접 그리지 않은 작품을 조영남의 작품으로 오인케 하여 판매하였으므로 구매자들에 대한 사기죄의 성립 여부를 묻는 사건이다(대작 작가는 자신이 진정한 작가라고 주장한 적이 없다). 저작권법 사건도 아닌데, 특별히 조영남 사건에 주목하는 이유는 이 사건을 통해 현대예술과 저작권법이 충돌하는 근본적인 문제를 들여다볼 수 있기 때문이다.

조영남은 화가 2명에게 비용을 지급하고 자신의 아이디어대로 밑그림을 그리게 한 뒤 자신이 덧칠해 자신의 이름으로 그림을 판매했다. 1심 법원은 "대부분의 작업을 다른 화가가 완성하고 조영남은 마무리만 한 작품을 온전히 자신의 창작물이라고 표현하는 것이 미술계에서 일반적으로 통용되는 관행은 아닐 것이며, 조수를 사용하는 예술가들이 있는 것은 인정하지만 그런 경우 작가가 구체적인 부분까지 개입하는데 조영남은 대략적인 아이디어만 말해주거나 완성 단계의 작품을 받아 일부 수정한 정도였을 뿐, 소재나 작업 방식 등은 대작 화가가 자율적으로 선택했으므로 대작 화가들을 독립적으로 창작에 기여한 작가"라고 보았다. 특히 법원은 "조영남이 조수에게 그림을 맡기는 방식으로 작품 활동을 한다는 사실은 본인과 최측근만 아는 내용으로 대중과 구매자들이 전혀 몰랐다"며, "조수 사용이 작품 가격에 영향을 미치기 때문에 중요한 요소인데 이를 구매자에게 알리지 않은 것은 기망 행위"라고 인정했다. 특이하게도 판사가 선고와 별도로, "유사한 사례를 찾기 어려운 상황에서 피고인의 행위가 윤리적 비난을 넘어 형사처벌의 대상인지 예술계의 찬반 의견이 재판정에서 팽팽하게 맞섰다"며 "이 판결이 재판부의 고민의 산물이지만 유일무이한 정의라고 볼 수 없으며 앞으로 이와 같은 거래와 관련한 다양한 문제에 대해 활발한 토론이 이루어지기 바란다"고 덧붙였다. 결론은 징역 10월에 집행유예 2년, 유죄.

2심 재판부는 다른 판단을 했다. "미술사적으로 조수를 두고 제작을 보조하는 방식은 널리 알려진 사실로 보조자를 사용한 제작방식을 범죄라고 할 수 없으며 화투를 소재로 한 미술 작품은 조영남의 고유 아이디어로 조수는 조영남의 기술 보조"라고 설명했다. 특히 미술 작품 제작에 있어서 회화 실력에 대해, 고용한 보조자와 작가의 실력이 비교될 필요가 없고 보조자의 숙련도가 조영남보다 뛰어난 것인지는 법률적 판단의 범주에 속하지 않는다고 보았다. 또한 작품 구매자들의 구매 동기는 다양하기 때문에 '친작' 여부가 구매결정에 반드시 필요하거나 중요한 정보라고 단정할 수 없으며 조영남에게 보조자 사용 사실을 고지할 의무가 있다고 보기 어렵다고 판단했다. 2심 법원의 판단은 무죄.

1심 증인으로 출석한 전문가 2명의 논쟁에서 이 사건의 주요 쟁점을 생각해볼 수 있다. 조영남 측 증인인 미학 전문가 진중권은 현대미술에서 관념과 실행 행위는 다른 부분이며 일부 회화에서는 섬세한 붓질 등이 중요해 조수를 쓸 수 없지만, 현대미술에서는 자신의 예술적 논리를 시장에 관철시키는 것이 중요하며 알려진 작가들은 거의 조수를 고용한다고 증언했다. 현대미술은 '누가 그렸는지'보다 '누구의 생각인지' 여부가 핵심이라는 것이다. 반면에 검찰 측 증인 미술가 최광선은 본인이 조수를 고용하지 않는 것은 물론이고, 작품을 완성하기 위해 조수를 사용한다는 것이 관행이라는 이야기를 들은 적이 없으며, 아이디어만 제공하고 그림을 다른 사람이 그렸다면 이는 위작이며 모작이라고 주장했다. 두 주장의 핵심은 누가 그렸는지 여부가 '중요하다, 중요하지 않다'로 압축할 수 있다. 작가 자신이 작품을 제작하는 것이 당연하다는 생각이 일반적이므로, 이 글에서는 이 당연한 개념이 현대예술에서 왜 문제가 되는지, 저작권법에서는 어떤 문제를 일으키는지에 대해 살펴보고자 한다.

1917년 미국독립예술가협회에서 주최한 전시회장에 남자 소변기가 등장해 논란을 일으켰다. 이 전시에서 프랑스

작가 마르셀 뒤샹Marcel Duchamp은 시중에 판매되는 남자 소변기에 'R. Mutt, 1917'[21]이라고 서명하고 「샘Fountain」이라는 제목을 붙여 전시장의 좌대 위에 올려놓았다. 미국독립예술가협회장마저 "일반적 규정에 따르면 그것은 예술 작품이 아니다"라고 인터뷰했을 정도로 예술을 모독했다는 혹평이 이어지자 결국 주최 측에서 「샘」을 눈에 띄지 않는 곳으로 옮겼고, 뒤샹은 미술 전문지 『눈 먼 사람The Blind Man』을 창간해 미술계를 비판했다. 뒤샹은 이전에도 와인병 건조대, 눈 치우는 삽, 자전거 바퀴를 작품으로 전시했으며 공장에서 생산된 기성품을 작품으로 하는 예술의 영역을 '레디메이드Ready-made'라고 불렀다. 뒤샹은 작품을 예술가의 손으로 만들었는지 여부는 중요하지 않으며 예술가는 오브제Objet(원래의 기능이나 장소에서 분리되어 독립된 작품으로 제시되는 예술과 무관한 물건)를 선택하고 올바른 장소와 맥락에 둠으로써 물건에 완전히 다른 의미와 정체성을 부여하는 새로운 역할을 담당한다고 여겼다.

뒤샹의 발칙한 도전에 대해 '비겁한 변명'이라고 비난하기 전에, 먼저 맥락을 살펴야 한다. 뒤샹을 현대예술의 혁명가라고 칭송하는 이유를 파악하기 위해서는 시대적 배경

21 R. Mutt는 뉴욕의 변기 제조업자 이름이라고 한다.

부터 이해해야 한다. 당시 제1차 세계대전으로 인해 잔혹한 전쟁을 겪으면서 미국과 유럽을 중심으로 인간의 합리적 이성을 불신하고 기존의 체제와 권위를 부정하는 문화운동 '다다Dada(또는 다다이즘Dadaism)'가 등장했고, 다다의 영향을 받은 예술가들은 비합리성, 반도덕, 비심미적인 것을 추구하며 기존의 예술을 비판했다. '다다'는 프랑스어로 어린이들이 타고 노는 목마를 의미하는데, 이는 다다의 본질인 '허무', '무의미함'을 암시한다. 다다이스트들은 전통적인 예술을 파괴하고 비판하기 위해 새로운 시도를 했는데 이때 다양한 재료를 붙여서 표현하는 콜라주Collage, 거친 면 위에 종이를 대고 문질러서 표현하는 프로타주Frottage 등의 기법이 본격적으로 이용됐다. 다다이스트 작가인 만 레이Man Ray는 "나는 비로소 회화라는 고정된 수단에서 해방됐다"고 선언하고 사진을 이용한 작품 활동에 매진했다. 아름다운 회화, 정교한 조각 등을 떠올리던 기존의 예술 개념을 새로운 관점에서 바라보기 시작한 것이다. 기존의 관념을 깨뜨리는 것, 예술이 아닌 것을 예술로 만드는 것, 이런 맥락에서 뒤샹의 레디메이드가 등장했다. '천재적 작가의 뛰어난 손재수에서 탄생하는 예술'의 개념을 '머리로 하는 예술'로 확장시킨 것이다. 이렇게 눈앞에 보이는 형체가 아닌, 그것이 담고 있는 사상을 예술로 보는 새로운 장르인 개념예술

Conceptual Art이 시작됐다.

이미 존재하는 사물도 예술이 될 수 있다는 뒤샹의 사상에 영향을 받아 1956년 영국의 리차드 해밀턴Richard Hamilton은 작품「오늘의 가정을 그토록 색다르고 멋지게 만드는 것은 무엇인가?Just What Is It That Makes Today's Homes So Different, So Appealing?」를 발표했다. 이 작품은 잡지와 광고에서 근육질의 남자와 비키니를 입은 여성의 이미지를 오려 붙이고 배경에는 미국에서 발명한 각종 가전제품들과 진공청소기로 청소를 하는 하녀를 배치했다. 미디어가 발달하고 대량생산과 소비문화가 번성하던 당시 시대상을 반영하는 이 작품은 잡지에서 오려낸 이미지들을 사용하여 미디어와 대중매체가 미치는 영향력을 나타내고 현대식으로 꾸며진 거실에 몸매를 자랑하는 듯한 수영복 입은 남녀를 부자연스럽게 배치함으로써 왜곡된 진실을 꼬집는 의미를 담고 있다. 작품 속의 남자가 들고 있는 커다란 사탕에 'POP'이라고 써 있는 점에 착안해 미술평론가 앨러웨이Lawrence Alloway가 처음으로 '팝아트Pop Art'라는 용어를 사용했다.

팝아트는 예술의 엄숙성을 거부하며 순수예술과 대중예술의 경계를 허물기 위해 매스미디어의 이미지를 적극적으로 이용했다. 영국에서 태동한 팝아트는 소비와 미디어의 선두주자인 미국에서 크게 부각됐다. 앤디 워홀로 대표되는 팝아트는 대놓고 상업적이다. 워홀은 "장인정신 따위 개나 줘버려"라고 말하듯 '팩토리The Factory'라는 스튜디오를 만들고 예술노동자Art Worker를 고용해 마치 공장에서 제품을 대량생산하듯 작품을 제작했다. "나는 플라스틱을 사랑한다. 플라스틱이 되고 싶다"고 말했다는 워홀의 말은 신랄하다. 워홀이 "나의 작품은 세상의 거울"이라고 한 말과 닿아 있기 때문이다. 워홀은 그야말로 삶의 모든 면에서 팝아트 정신을 내뿜었고 대중은 워홀에게 열광했다.

팝아트는 성격상 예술에 대한 기대를 무너뜨린다. 팝아트의 대표 작가인 로이 리히텐슈타인Roy Lichtenstein은 만화의 일부분을 확대해 일부러 대중문화의 진부하고 전형적인 이미지를 표현하고, 키스 헤링Keith Haring은 '그래피티Graffiti'라고 부르는 길거리의 낙서를 연상시키는 새로운 회화 양식을 창조했으며, 제프 쿤스Jeff Koons는 주로 대중문화와 일상생활 속에서 선택한 싸구려 오브제를 거대하고 화려하게 재현한다. 보는 사람들로 하여금 "이게 뭐야"라고 말하게 만드는 그것, 예상치 못하게 뒤통수를 때리는 그것, 파안대소하게 만드는 그것이 팝아트다.

누군가는 일단 유명해지면 사람들은 당신이 똥을 싸도 박수를 칠 것이라고 했던가.[22] 1961년 이탈리아 예술가 피에

---

22 앤디 워홀이 남긴 말로 알려져 있으나 실제로는 아니라고 한다.

로 만초니Piero Manzoni는 90개의 캔에 자신의 서명과 시리얼 번호를 넣고 '예술가의 똥, 정량 30그램, 자연건조해 방부제 없이 보존됨, 1961년 5월 생산되어 깡통에 담김' 등의 문구를 적어 「예술가의 똥Artist's Shit」이라는 작품을 발표했다. 캔 하나가 같은 무게의 당시 금값에 해당하는 가격에 판매됐고, 2017년 현재 약 30만 달러(약 3억 4천만 원)라고 한다. 구매자는 만초니의 배설물이 아닌, '예술품은 이제 자본주의 사회의 배설물에 지나지 않는다'는 비판적 사상을 구매한 것이다.[23]

간략하게나마 현대예술에 대한 배경지식을 이해했다면 저작권법을 접목해보자. 개념을 나타내는 장르라는 현대예술의 특징은 '아이디어와 표현의 이분법'이라는 저작권법의 대원칙과 충돌을 일으킨다. 저작권법은 아이디어를 보호하지 않는다. 아이디어가 표현된 표현물만 보호한다. '사랑에 빠진 남녀주인공이 여러 가지 갈등 상황에 부딪혀 결국 사랑을 이루지 못한다'는 아이디어는 누구나 떠올릴 수 있지만 셰익스피어는 「로미오와 줄리엣」으로, 톨스토이는 「안나 카레리나」로, 황순원은 「소나기」로 표현했다. 누구나 공유할

---

23 이 작품에 대해 대변 냄새가 난다, 석고 반죽이 들어 있다 등의 추측이 무성했으나 실제로 대변이 들어 있는지는 확실하지 않다. 캔을 열면 작품이 훼손되기에 아무도 열어보지 못했다.

수 있는 아이디어를 자신만의 방식으로 구체화해 독창적으로 표현한 대가로 권리를 부여하고 보호하는 것이며, 보호받는 독창적 표현을 허락 없이 이용할 경우 처벌받는다.

개념예술은 외적인 표현이 아닌 내면의 사상을 핵심으로 한다는 점에서 저작권법 체제를 벗어난다. 개념예술에서 빼놓을 수 없는 사진작가 셰리 레빈Sherrie Levine은 다른 작가의 유명한 작품을 복제하는 작업을 한다. 레빈은 「마르셀 뒤샹 이후After Marcel Duchamp」라는 제목으로 황금빛 소변기를 전시했고, 「워커 에반스 이후After Walker Evans」라는 제목으로 유명한 다큐멘터리 사진작가 워커 에반스의 사진을 그대로 재촬영Rephotograph해 전시했다. 레빈은 현대예술에서 원본Original의 의미가 사라졌음을 표현하기 위해 타인의 작품을 차용Appropriation하는 표현 방식을 택했다. 예술의 독창성과 원본의 의미에 대한 의문을 제기했다는 사상의 가치를 인정받지 못한다면 레빈의 작품은 명백한 저작권 침해다. 표현이 동일하기 때문이다.

해밀턴이 오려 붙인 잡지 속 이미지들에 대한 저작권 침해가 인정됐다면 팝아트는 시작되지 못했을 것이다. 재촬영 장르의 개척자인 리처드 프린스Richard Prince는 2014년 인스타그램에서 캡처한 타인의 셀카 사진에 프레임과 간단한 문구만 추가한 작품으로 '새로운 초상화New Portraits' 시리즈를 전시했다. 전혀 알지 못하는 타인의 사진들을 허락 없이 이용해 논란을 일으켰으나 작품은 최고가 10만 달러에 모두 판매됐다. 사진이 이용된 당사자들의 반응도 다양했다고 한다. 누군가는 재미있어하고 누군가는 화를 냈으며 누군가는 작품에 참여하게 되어 기쁘게 생각한다고 인터뷰했다. 프린스는 다수의 저작권 침해 소송을 당했지만 또한 수많은 담론을 제시한 빼놓을 수 없는 현대예술가다. 현대예술에 대한 지금의 논란이 고슴도치들처럼 서로 아프지도 춥지도 않은 적정 거리를 찾아가는 과정이기를 바란다.

생전에 작품을 단 한 점밖에 팔지 못했던 화가 고흐는 이렇게 말했다고 한다.

"작품에 대한 평가는 미래에 맡기고, 우리는 조용히 일을 계속해야 한다."

사기와 사기죄

"원래 예술이란 반은 사기다. 속이고 속는 거다. 독재자가 대중을 속이니까 예술가는 독재자를 속이는 사기꾼, 그러니까 사기꾼의 사기꾼이다. 고등 사기꾼 말이다."

비디오아티스트 백남준의 말이다. '동양에서 온 문화테러리스트'라고 불렸던 세계적인 거장이 어쩌자고 이런 말을 했는지를 이해하기 위해서는 백남준의 예술적 행보와 작품의 의미에 대해 알아볼 필요가 있다. 백남준은 예술의 권위와 벽을 깨고 새로운 변화를 일으키고자 했던 전위예술가 집단 '플럭서스Fluxus'에서 주도적으로 활동했다. 1960년대 초반 백남준은 최초로 텔레비전을 캔버스로 이용하면서, 예술가들이 붓이나 바이올린, 또는 폐품을 가지고 작업하듯이 앞으로는 축전기, 저항기, 반도체로 작품을 만들게 될 것이라고 예언했다. 그의 말대로 이제 미디어기술 또한 예술적 지위를 가지게 됐다. 오늘날 백남준은 20세기 기술과 인간과 예술의 소통을 고민하며 비디오아트를 창시하고 발전시킨 위대한 작가로 인정받고 있지만, 그의 예술 활동이 대중의 이해를 얻기까지는 상당한 시간이 걸렸다.

죽은 토끼에게 자신의 드로잉을 설명하는 퍼포먼스 「죽은 토끼에게 어떻게 그림을 설명할 수 있을 것인가」로 유명한 현대예술가 요셉 보이스Joseph Beuys는 "감자 껍질을 벗기는 단순한 작업도 의식을 가진 행위라면 예술이 될 수 있다"라고 했다(보이스는 백남준의 절친이다). 조영남의 화투 작품이 팝아트에 해당하는지, 그저 사기에 불과한지 정답을 알려줄 수 있는 사람이 과연 있을까. 작가가 표현하고자 하는 작품의 의도는 모두에게 이해될 수 없고 또한 모두가 외면한다고 단정할 수도 없다. 관객 스스로 작품을 해석하고 각자의 의미를 부여하도록 하는 것이 현대예술의 의도다.

"팝아트는 원래 그런 것이며 앤디 워홀도 그랬다"는 조영남의 주장을 판단하기 위해 1심 법원은 먼저 조영남의 작품이 팝아트에 해당하는지 고민했다. 법원은 조영남의 작품이 "평면 캔버스에 붓, 아크릴, 물감 등 도구를 이용해 화투를 핵심 주제로 삼은 작품"이라며 "제작 방식과 작품의 형태에 따르면 양식상 회화에 해당한다"고 판단했다. 영국 팝아트의 대가 데이비드 호크니David Hockney는 물감으로 캔버스에 그림을 그리는 회화를 고집하는 작가다. 팝아트는 예술의 엄숙주의를 타파하기 위해 등장한 미술의 한 경향을 나타내는 용어로 작품의 제작방식이나 형태를 의미하는 것은 아니다. 조영남의 화투 작품이 팝아트인지 여부에 대해 논란이 있는 것은 사실이지만, 작가의 의도와 작품의 의미가 법원에 의해 평가된다면 예술 분야에서의 새로운 시도를 기대하기 어려울 수 있다. 굳이 법조인에게 예술에 대해 판단하도록 짐을 지우고 정답을 찾아내라고 강요하지 않았으면 한다. 정답이 없는 문제도 있다.

2심 재판부는 현대예술에서 조수를 기용하는 관습이 있고 회화 실력은 법원이 판단할 사안이 아니라고 함으로써 이 사건을 사기죄 성립 여부에 초점을 맞춘 것으로 보인다. 이 사건에서 가장 크게 공분을 산 점은 조영남이 조수를 기용한 사실을 알리지 않았다는 것이다. 당시 한 여론 조사에 따르면 조수가 작업의 대부분을 완성했다면 조영남의 작업은 사기로 봐야 한다고 한 의견의 비율이 약 74퍼센트였다. 작품이 고가에 팔렸다는 점 또한 조영남이 '부당이득'을 취한 것으로 보이게 했을 것이다. 표절 문제에서 언급했듯이 '내 것인 척'하는 것이 가장 큰 잘못이다. 그렇다면 현대예술 작가들은 적극적으로 조수를 고용한다는 점을 알리고 있고 알려야만 하는가.

자꾸 등장하는 앤디 워홀은 남이 그려온 위작에도 사인을 하고 진작으로 인정했다. 조수를 기용하는 관습은 팝아트에 국한된 것도 아니다. 루벤스Peter Paul Rubens도 공방에서 여러 조수를 기용해 작품을 제작했고 겸재 정선도 다수의 제자들이 대필했다고 한다. 일부 다른 이의 손을 빌리더라도 가장 핵심적인 어떤 것이 본인에게서 나왔다면, 본인의 작품이라고 할 수 있다. 팝아트에서는 그 핵심적인 어떤 것이 '개념'이다. 결국 작가는 '기획자'라고 할 수 있다.

스페인 빌바오구겐하임미술관Guggenheim Bilbao Museum이 소장하고 있는 높이 12미터, 화분 2만 개로 장식된 제프 쿤스의 작품 「강아지Puppy」를 보고 쿤스가 화분을 한 개 한 개 직접 쌓아 올렸을 것이라고 생각하는 사람은 없을 것이다. 이 작품이 쿤스의 대표작으로 거론되는 이유는 쿤스의 대단한 화분 설치 기술 때문이 아니라, 관람객으로부터 작품에 대한 공감을 얻었기 때문이다. 실제로 이 작품은 구겐하임 개관을 기념해 일시적으로 전시할 예정이었으나 빌바오 시민들의 요청으로 영구 전시로 변경됐다. 누군가는 다양한 종의 꽃과 풀이 스스로 싹을 틔우고 지며 계절에 따라 다채로운 색감을 나타내는 모습에서 생명력을 느끼고, 누군가는 미술관 입구에서 마주치는 거대하고 귀여운 강아지 형상에서 친근함과 신뢰감, 안정감 등을 느낄 수 있으며, 단지 거대한 크기로부터 오는 경외감에 박수를 보낼 수도 있다. 현대예술은 주로 작품의 의미에 대하여 가치가 판단되므로 실제로 누구의 손에 의해 완성됐는지 여부에 대해 밝혀야 할 의무가 있다고 보기 어렵다. 2심 법원 또한 워홀처럼 자발적으로 조수의 존재를 밝힐 수도 있으나 이것을 작가의 의무라고 볼 수는 없다고 판단했다.

형법 제347조 사기죄는 사람을 기망해 재물을 교부받거나 재산상의 이익을 취한 경우 성립하는 범죄다. 사기죄에서 말하는 기망 행위는 상대방을 고의로 속이는 것을 전제로 한다. 2심 재판부는 "조영남이 직접 구매자들을 속여서 판매하거나 저작권 시비에 휘말린 것이 아니기 때문에 막연히 조영남의 친작일 것이라는 주관적 기대와 다르다고 해서 구매자들이 기망당했다고 볼 수는 없다"고 판시했다. 물론 조영남이 인터뷰를 통해 6시간 정도 그림을 그린다, 다작을 위해 아크릴 물감을 고수한다, 짬이 날 때마다 그림을 그린다 등의 발언을 했다는 반론이 있지만, 그림을 고가에 팔기 위해 구매자를 속인 기망 행위로 보기 애매하다. '의심스러울 때는 피고인의 이익으로'가 형사소송의 기본 원칙이다.

1심 법원은 "조영남이 예술성을 갖춘 작품을 만들었다고 믿었던 대다수 일반 대중과 작품 구매자들에게 커다란 충격과 실망감을 안겨주었다"고 판시했다. 작품을 구매하지 않은 일반 대중이 사기죄의 피해자가 될 수는 없으니, 대중의 충격과 실망을 이유로 조영남을 사기죄로 처벌할 수는 없다. 구매자 중에서도 단지 작품이 마음에 들었다거나 조영남이라는 브랜드 가치를 보고 구매한 경우도 있을 것이므로 구매자 모두를 사기죄의 피해자라고 단정하기 어렵다. 다만 조영남이 한 땀 한 땀 그린 작품이라서 구매했다는 피해자가 있다면, 민사소송을 통해 조수를 고용한 사실을 미리 고지하지 않은 점이 잘못이라고 판단될 경우 구매 대금의 환불과 적절한 손해배상을 고려해볼 수 있을 것이다.

앞으로는 아무나 아무거나 현대예술이라고 주장하면 되는 거냐고 반문하는 소리가 들리는 듯하다. 이제 예술가는 말만 잘하면 된다는 쓴소리도 들린다. 원래 예술은 아무나 할 수 있고 아무거나 해도 된다. 예술은 특별한 사람만이 할 수 있고 특별한 것만 해야 한다는 고정관념이야말로 예술에 가장 반하는 생각이 아닌가. 다만 어떤 개념을 어떻게 표현하고자 했는지 여부에 따라 '기다, 아니다'가 결정될 것이다.

 대단한 철학적 사상을 표현해야 한다는 의미는 아니다. 주변 사람들이 재채기하는 순간만 촬영하는 취미를 가진 학생이 있었다. 재채기가 부지불식간에 이루어지므로 오랫동안 지속적으로 지인들에게 본인이 재채기하는 모습을 촬영한다는 사실을 인식시켜 재채기가 나올 것 같은 순간에 자신에게 알리도록 했다고 한다. "왜 굳이 이렇게 오랫동안 열심히 재채기하는 장면을 촬영했냐"는 질문에, 학생은 "처음에는 재미로 찍었는데 찍어놓고 보니 재채기하는 순간만큼은 누구나 비슷한 모습이라는 사실을 알게 됐다"고 설명했다. "재채기는 참기도 힘들뿐만 아니라 그 순간 누구나 꾸미지 않은 본연의 모습을 드러내는데, 그 모습이 다들 비슷하다는 점이 흥미로웠다"고 덧붙였다.

 조영남 사건 1심 재판에서 검찰 측 전문가 증인은 조영남을 가수로 더 인지하고 있고 그림을 전공하지 않았으나 취미로 시작한 것으로 알고 있다며 미술가로 생각하지 않는다고 증언했다고 한다. 나는 이 학생이 예술 분야를 전공하지 않았고 사진은 취미로 시작했지만 '재채기 사진 작품'의 훌륭한 작가라고 생각한다.

 조영남 2심 재판 결과가 무죄라는 소식에 한 서양화가가 "오직 창작을 위해 몸을 불살라온 모든 화가들을 비천하게 해 분노하게 만든다"며 개탄했다는 기사를 보았다. 방송에서는 초등학생이 아이디어를 내고 엄마가 그림을 대신 그려 상을 받아도 되는 것이냐는 발언도 나왔다. 너무 분노하지 마시라. 우리는 이성이 있는 인간이며 합리적 사고가 가능한 고등동물이라는 사실과 함께 공감이 가는 적절한 설명을 소개한다. 미술평론가 반이정은 손수 작업해온 미술가들이 조수를 고용한 조영남에게 분노한 상황에 대해, 진보당이 보수당의 정감정책을 비난하며 진보당의 정감정책처럼 수정하라고 주장하는 꼴과 같다고 빗대었다.[24] 더 이상의 설명이 필요 없을 듯하다.

특별히 조영남의 작품을 좋아하지 않고 대단한 화가라고 생각하지 않지만, 조영남이 기획부동산이나 보이스피싱과 같이 형법상 사기죄로 처벌받아야 한다고 생각하지는 않는다. 예술에 있어서 논란은 숙명처럼 따라다닌다. 충격을 주는 것이 예술의 역할이기도 하다. 그것이 범죄에 해당하는지 여부에 대해서는 최대한 신중한 판단이 이루어져야 한다. 법원의 판단은 '위축효과 Chilling Effect'를 가져올 위험이 크기 때문이다. 누군가는 '영혼의 살인자'라고 칭하는 문화계 블랙리스트의 가장 큰 해악은 공포와 불안으로 인한 자기검열을 발생시킨다는 점이었다. 자유가 없다면 예술이 존재할 수 있

---

[24] 미술평론가 반이정의 '조영남을 변호하는 두 번째 글: 질 수 없는 싸움' 참조. (https://blog.naver.com/dogstylist/221151109355)

을까.

외설스러운 소설을 썼다는 이유로 수업 중 학생들 앞에서 긴급 체포됐던 고故 마광수 교수는 평생 문단에서 외면당하고 사회에서는 '미치광이'로 낙인 찍혔다. 그의 자살 이후 유족들이 더 이상 출판을 원하지 않는다는 입장을 밝혀 100여 권의 저서는 절판됐다. 생전에 외면받았던 그의 작품들은 사후에 재조명되어 중고 서적이 몇 배의 가격에 거래되고 있다고 한다. '음란소설가' 마광수는 자살 이후 '에로티시즘의 대가'로 평가됐다. 시인 윤동주를 세상에 처음 알렸던 학자는 그저 어느 날 남들은 말하지 않는 것을 말한 죄를 짓고 평생 홀로 지내다 결국 육첩방에서 스스로 생을 마감했다. 그의 시 「우리들은 포플러」의 일부를 빌어 조의를 대신한다.

포플러는 오늘도 몸부림쳐 날아오르고 싶어 한다
놓쳐버린 그 무엇도 없이
대지의 감미로움만으로는 아직 미흡하여

법 앞의 예술
예술 뒤 숨겨진 저작권 이야기

ⓒ 조채영, 2019

초판 1쇄 발행 2019년 2월 28일
초판 2쇄 발행 2019년 9월 30일

지은이 조채영
펴낸이 김영훈
편집 눈씨
디자인 김미숙

펴낸곳 안나푸르나
출판신고 2012년 5월 11일
주소 서울시 마포구 월드컵북로 4길 44-7 한솔빌딩 101호
전화 02-3144-4872 **팩스** 0504-849-5150
전자우편 idealism@naver.com

ISBN 979-11-86559-38-3 (03360)

* 저자와의 협의로 인지는 붙이지 않습니다.
* 이 책은 저작권법에 따라 보호받는 저작물이므로 무단 전재와 복제를 금하며,
  이 책의 내용 전부 또는 일부를 이용하려면 반드시 저작권자와 안나푸르나의 서면 동의를 받아야 합니다.
* 유통 중에 파손된 책은 구입하신 서점에서 바꾸어 드리며, 책값은 뒤표지에 있습니다.

이 도서의 국립중앙도서관 출판도서목록(CIP)은 서지정보유통지원시스템 홈페이지(http://seoji.nl.go.kr)와
국가 자료공동목록시스템(http://www.nl.go.kr/kolisner)에서 이용하실 수 있습니다. (CIP제어번 : CIP2019007051)